교회 기초 시리즈

Understanding the Lord's Supper

주의 만찬

시리즈 편집인 조나단 리먼
지은이 바비 제이미슨
옮긴이 김용국

교회 기초 시리즈

Understanding the Lord's Supper
주의 만찬

초판 1쇄 발행 2021년 3월 25일

지은이	바비 제이미슨
옮긴이	김용국
발행인	이요섭
기획	박찬익
편집	송수자
디자인	김한솔
제작	이인애
영업	김승훈, 김창윤, 정준용, 이대성

펴낸곳	도서출판 디사이플
등록	2018. 2. 6. 2018-000010호
주소	07238 서울특별시 영등포구 국회대로 76길 10
기획	(02)2643-9155
영업	(02)2643-7290
팩스	(02)2643-1877

ⓒ 2021. 도서출판 디사이플 all rights reserved.

ISBN 979-11-90964-12-8 04230
　　　979-11-90964-06-7 (세트)

값 8,000원

Copyright © 2016 by Robert Bruce Jamieson and 9Marks
Originally published in English under the title
Understanding the Lord's Supper by B&H Publishing Group
One LifeWay Plaza, Nashville, TN 37234, USA
All rights reserved.
Used and translated by the permission of 9Marks
525 A St. NE, Washington D.C. 20002, USA
This Korean edition copyright © 2021 by Disciple Press, Seoul, Republic of Korea
이 한국어판의 저작권은 9Marks와 계약한 도서출판 디사이플에 있습니다.
신 저작권법에 의하여 한국 내에서 보호 받는 저작물이므로 무단 전재와 무단 복제를 금합니다.
본문에 인용된 성경 구절은 대한성서공회의 성경전서 개역개정판을 사용하였습니다.

CONTENTS

교회 기초 시리즈 서문   6
서론   7

제1부: 간략한 묘사

1장	테이크아웃	12
2장	피로 봉인되다	16
3장	합당한 단체	20
4장	함께 모임	24
5장	가장 좋은 것은 마지막에	28

제2부: 표지(Sign)에 대한 간략한 설명

6장	주의 만찬이란 무엇인가?	33
7장	주의 만찬은 우리를 어떻게 만드는가?	46

제3부: 만찬 계획

8장	어떤 모임이 주의 만찬을 기념하는 모임인가?	55
9장	누가 주의 만찬에 참여할 수 있나?	60
10장	누가 주의 만찬을 인도해야 하나?	72
11장	교회들은 어떻게 주의 만찬을 기념해야 할까?	75
12장	각 개인은 어떻게 주의 만찬에 나아가야 하나?	81

성구 색인　　　　　　　　　　　　　　　　86

"성경에 있는 역사적 진리들은 오늘날의 실제적인 삶 가운데서도 적용된다. 바비 제이미슨은 또다시 우리를 제대로 섬겼다."

– 마크 데버

CHURCH BASICS

교회 기초 시리즈 서문

그리스도인의 삶은 교회를 중심으로 한 삶이다. 이 기본적인 성경적 확신이 교회 기초 시리즈 전체에 깔려 있다.

그 확신은 각 저자가 자신의 주제를 다루는 방식에도 영향을 미친다. 예를 들어, 주의 만찬은 당신과 예수님의 사적이고 영적인 행위가 아니다. 그것은 성도들이 식탁에 둘러앉아 함께 식사하는 것이다. 대위임령은 그리스도인 한 사람 한 사람을 예수님의 증인으로 열방 가운데 보내기 위한 자격증이 아니다. 이것은 모든 교회가 수행해야 하는, 모든 교회에 주어진 책임이다. 교회의 권위는 지도자뿐만 아니라 모든 회중에게 달려 있다. 당신을 포함한 모든 사람이 수행할 역할이 있다.

시리즈 전체는 일반 교인들을 위해 쓰였다. 이것이 중요한 특징이다. 그리스도인의 삶이 교회를 중심으로 한다면, 침례(세례) 받은 교회 회원은 이런 기본적인 주제를 이해해야 한다. 예수님이 당신에게 복음을 전하고 지키라는 명령과 함께, 교회를 전하고 지키라는 책임도 부여하셨다. 이 시리즈가 어떻게 그러한 일을 감당해야 하는지 설명할 것이다.

당신은 그리스도의 복음사역주식회사 주주라고 할 수 있다. 좋은 주주는 자기가 투자한 회사에 대해 알아본다. 시장조사도 하고, 경쟁 회사를 알아보기도 한다. 자신이 주식을 산 그 회사에서 많은 이윤을 내고 싶어 한다. 당신은 복음에 전 생애를 투자한 셈이다. 이 시리즈의 목적은 당신의 지역 교회가 하나님의 영광스러운 복음을 땅 끝까지 전파하는 일을 잘 감당하고, 최상의 효과를 낼 수 있도록 돕는 것이다.

자, 이제 준비되었는가?

조나단 리먼 시리즈 편집인

서론

어떤 식사는 마치 집에서 먹는 것처럼 편안한 느낌을 주지만, 그 반대에 해당하는 식사도 있다. 사랑하는 가족이나 친구들과 함께 집에서 만든 음식을 먹는 것만큼 위안을 주는 것은 거의 없을 것이다. 반면에 한 번도 만난 적이 없는 사람들과 익숙지 않은 풍습이 있는 장소에서, 한 번도 본 적이 없는 음식을 먹는 것만큼 낯선 느낌을 주는 일 또한, 거의 없을 것이다. 나는 최근에 가족들과 함께 영국으로 이사 왔는데, 그곳은 완두콩 요리처럼 아주 사소한 요리를 만드는 것에도 중대한 사회적 의미를 둔다. 그저 완두콩일 뿐인데도 말이다!

만일 기독교인들에게 교회에서 식사하냐고 물어보면, 대부분은 다음과 같이 말할 것이다. "음, 아뇨, 교회에서 음식을 먹지는 않지만, 가끔 예배가 끝나고 집에서 가져온 음식을 나눠 먹기는 해요." 이 대답은 한편으로 맞는 말일 수 있다.

그렇다면 주의 만찬에 대해 생각해본 적이 있는가? 그것은 분명 배를 채워줄 만큼 충분하지는 않지만, 분명히 함께 모여 앉아 먹고 마시는 것이 아닌가? 이 식사는 예수님과 그의 백성에 대해 무엇을 알려주는가? 이 식사는 예수님 가족의 일원이 되는 것과 어떤 관계가 있을까?

이 얇은 책은 주의 만찬에 관한 성서적 입문서로, 예수님이 우리에게 주신 식사에 대해 더 알기 원하는 모든 기독교인을 위해 출간되었다. 몇몇 부분은 교회 지도자들에게 해당하는 내용이나, 그것들조차 전체 교회를 염두에 두고 집필했다.

이 책에는 서로 중첩되는 세 가지 목표가 있다.

1. 성경 고찰하기

첫 번째 목표는 주의 만찬에 대한 성경의 가르침을 살펴보며, 요약하고, 종합하는 것이다. 이것은 1장에서 7장까지 다룰 주요 과제이다. 다섯 장은 주의 만찬에 관한 성서적 가르침에 관한 간략한 묘사이다. 주의 만찬의 전조가 되는 유월절(1장), 예수님과 주의 만찬의 시작(2장), 바울의 주의 만찬에 대한 가르침(3장-4장), 주의 만찬으로 예측되는 앞으로 도래할 어린양의 혼인 잔치에 관한 것이다(5장). 6장은 주의 만찬에 관한 정의를 분석하는 방식을 통해 이상의 모든 내용을 하나로 묶는다.

2. 주의 만찬과 교회 연결하기

7장은 이제까지 늘 중요하게 여겨왔던 두 번째 목표를 전면에 내세운다. 그것은 주의 만찬이 지역교회와 어떻게 관련되는지 설명하는 것이다. 주의 만찬은 교회를 각기 개별교회로 만들고, 많은 사람을 하나로 묶는 실제적인 역할을 한다. 대다수 기독교인은-심지어 대다수 목사조차도-주의 만찬이 얼마만큼 지역교회와 단단히 연결되어 있는지를 제대로 고찰해본 적이 없다. 그래서 주의 만찬이 교회를 형성하는 의미심장한 역할에 대해 집중적으로 살펴보려고 한다.

3. 실제적 조언 제공하기

세 번째 목표는 교회들과 개별 기독교인이 어떻게 주의 만찬을 기념해야 하는지에 관한 성경적이며 실제적인 조언을 제공하는 것이다. 이를 위해 8장에서 12장까지 여러 질문을 제시하고, 1장부터 7장까지 묘사한 성서적 그림을 기초로 답변을 제시했다. 어떤 모임이 주의 만찬을 기념하는 모임인가? 누가 주의 만찬에 참여할 수 있나? 누가 주의 만찬을 인도해야 하나? 교회는 어떻게 주의 만찬을 집례해야 할까? 그리고 마지막으로, 개개인은 어떻게 주의 만찬에 나아가야 하나? 등의 질문에 대한 답변이다.

본서는 「침례 이해하기」(Understanding Baptism [B&H, 2016])라는 자매 책이 있다. 두 책은 서로 보완적인데, 한 책에서 가볍게 짚고 넘어간 주제들을 다른 책에서 좀 더 깊게 다루는 식이다. 나는 이 얇은 두 개의 책을 쓰기 전에 좀 더 두꺼운 책인 「공동체로 나아감: 왜 침례는 교회회원의 전제조건이 되어야 하나?」(Going Public: Why Baptism Is Required for Church Membership [B&H, Academic 2015])를 썼다. 본서의 6장과 7장에서는 「공동체로 나아감」의 6장에서 다룬 주제들을 요약했으며, 몇몇 겹치는 부분은 그대로 가져오기도 했다. 이미 다른 책에서 사용했던 내용 일부를 본서에서 재사용하도록 허락해준 출판사에 감사의 말씀을 드린다.

이 서론이 본서에 대한 흥미를 돋우는 역할이 되었기를 바란다. 이제 우리는 주의 만찬에 대해 살펴볼 것인데, 먼저 그것의 성경적 근거들을 찾아보자.

Understanding the Lord's Supper

제1부:
간략한 묘사

1장. 테이크아웃
2장. 피로 봉인되다
3장. 합당한 단체
4장. 함께 모임
5장. 가장 좋은 것은 마지막에

1장
테이크아웃

하나님은 그의 백성들을 이집트에서 구해내셨을 때, 그들에게 테이크아웃(음식 가지고 나오기)을 지시하셨다. 혹은 적어도 간단한 요기라도 하라고 하셨다. 이동 중에 먹는 음식이 그들의 국가를 정의하게 되었는데, 그들이 누구이며, 어디에서 왔는지, 그리고 하나님이 그들을 구하기 위해 무엇을 했는지를 말해주기 때문이다.

야곱의 후손들이 파라오의 발뒤꿈치에 밟혀서 처참하게 착취당하자, 하나님은 그 고통을 두고 볼 수 없었다. 하나님은 아브라함에게 했던 약속 즉, 그의 자손들을 가나안 땅으로 인도할 것이라는 약속을 기억했다(창 15:12-17; 출 2:23-25). 그래서 모세와 아론을 파라오에게 보내어 백성들을 놓아 달라고 요청하도록 했다. 그러나 파라오는 소중한 노예들을 풀어주려 하지 않았고, 그로 인해 하나님은 이집트인들에게 재앙을 계속 퍼부었다(출 4-10). 결국, 하나님은 파라오가 하나님의 첫 번째 자식인 이스라엘을 나가지 못하게 했기 때문에, 이집트인들의 모든 첫째 아들을 죽일 것이라고 공언했다(출 4:22-23; 11:1~10).

드디어 이스라엘 백성의 탈출을 위한 환경이 조성되었다. 그들을 구출하기 바로 전날, 하나님은 백성들에게 일 년 된 양 혹은 염소를 잡아 그 피를 현관문에 칠하고, 그 고기를 불에 구워 먹을 것을 명령했다. 이 모든 것을 그날 밤에 다 해야 한다고 했다(출 12:1-8). 구운 고기는 무교병과 쓴 나물과 함께 먹어야 했다(8절). 하나님은 그들이 어떻게 먹어야 하는지도 다음과 같이 알려주었다. "너희는 그것을 이렇게 먹을지니 허리에 띠를 띠고 발에 신을 신고 손에 지팡이를 잡고 급히 먹으라 이것이 여호와의 유월절이니라"(11절). 그것은 결코 느긋한 잔치가 아니었다. 여행을 떠나기 위한 식사였다.

그러나 그것은 단순한 식사 이상이었으며 짐승을 잡아 문에 바른 피는 백성들의 구원의 표시였다.

> "내가 그 밤에 애굽 땅에 두루 다니며 사람이나 짐승을 막론하고 애굽 땅에 있는 모든 처음 난 것을 다 치고 애굽의 모든 신을 내가 심판하리라 나는 여호와라 내가 애굽 땅을 칠 때에 그 피가 너희가 사는 집에 있어서 너희를 위하여 표적이 될지라 내가 피를 볼 때에 너희를 넘어가리니 재앙이 너희에게 내려 멸하지 아니하리라"(12-13절)

왜 하나님은 그의 백성들을 보존했을까? 이집트 사람들은 살려둘 가치가 없고, 그들은 살릴 가치가 있어서 그랬던 것은 결코 아니다. 하나님이 그의 백성을 넘어간 이유는 그들이 희생 제물의 피로 가려져 있었기 때문이었다. 하나님은 이스라엘 백성들에게 유월절 식사를 해마다 기념할 것을 명령했다(14~20절, 24~27절). 이스라엘 사람들은 지금까지 매년 같은 시기에, 각 가정에서 유월절 제물을 잡아 무교병과 쓴 나물과 함께 먹는다.

매년 개최되는 이 축제는 하나님이 어떤 방식으로 그들을 이집트

땅에서 구해냈는지를 기념한다. 아이들은 이 식사를 통해 하나님이 어떻게 백성들을 구원하고 보존했는지를 배우게 된다(26~27절). 현재 이스라엘 사람들은 유월절을 매년 지키며 하나님이 그들을 해방하고 구원했으며, 하나님이 이스라엘을 그의 백성으로 삼겠다는 약속을 지킨 날로 기념한다.

이 식사는 그들 국가의 탄생을 의미한다. 이스라엘 사람들은 누구인가? 그들은 하나님이 이집트로부터 구해낸 사람들이다. 그리고 유월절을 통해 매년 이스라엘 사람들은 자신들은 하나님이 노예의 신분에서 자유롭게 만든 백성이며, 하나님이 자기 백성으로 삼은-유일한 백성-이라는 것을 상기한다.

이것이 외국인은 안 되고 이스라엘 사람만 유월절 음식을 먹을 수 있는 이유이다(43절). 만일 외국인이 유월절을 기념하고 싶다면, 그와 그 집안의 모든 남성은 먼저 할례를 받아서 "본토인처럼" 되어야 한다(48절). 유월절은 이스라엘의 정체성과 이스라엘의 회원자격을 정의한다. "모든 이스라엘 회중은 그것을 지켜야 하며"(47절), 또한 이스라엘 회중만이 그것을 기념할 수 있다.

이런 이유로 이스라엘 사람들은 해마다 세대를 이어서 유월절을 기념했다. 하나님은 그 첫 세대에게 다음과 같이 말씀하셨다. "너는 그 날에 네 아들에게 보여 이르기를 이 예식은 내가 애굽에서 나올 때 여호와께서 나를 위하여 행하신 일로 말미암음이라 하고"(출 13:8). 물론 이 말씀은 당연히 이스라엘의 첫 세대의 아버지들에게만 해당하는 말씀은 아니었다. 또 다른 연례 축제 때, 이스라엘의 후세대들은 "애굽 사람이 우리를 학대하며 우리를 괴롭히며…여호와께서 우리 음성을 들으시고"(신 26:5~8)의 구절을 말하므로, 그들도 이집트를 탈출한 사람들 가운데 포함되어 있음을 알아야 했다. 마찬가지로 이스라엘의 모든 세대는 다음과 같이 말해야 했다. "이 유월절을 행함은 **내가** 이집트에서 나올 때 주님께서 **나를** 위해 행하신 일 때문이다. 이 구원은 단지 출애굽 시대 백성들만을 위한 것이 아니다. 지금 우리를 위한 것이다."

출애굽 시대에 하나님은 제물의 피를 통해 백성들을 구원했다. 하나님은 그들을 노예 신분에서 해방했고, 자기 백성으로 삼았다. 이 위대한 구원의 행위가 있기 전날 밤, 하나님은 그들에게 영원히 기념해야 할 식사를 주셨다. 이 식사는 그들이 누구인지를 정의한다. 다른 사람은 할 수 없고, 오직 그들만 기념할 수 있는 식사였다. 이 식사는 그들의 구원에 관한 이야기를 반복적으로 말해주므로, 구원을 위해 하나님이 과거에 한 일을 현재로 가져오는 역할을 한다. 이 식사는 모든 이스라엘 사람들에게 그들이 한때 노예였다는 사실과 그들의 하나님은 구원하는 하나님이시라는 것을 알려주었다.

2장
피로 봉인되다

당신이 이제까지 했던 약속 중 가장 진지한 약속은 무엇이었는지 생각해보라. 당신은 그 약속을 어떻게 확인해주고 증명해주었나?

당신이 집을 살 때, 집주인에게 값을 지급하겠다는 약속을 '서명된 계약서'라는 형식을 통해서 하게 되는데, 그것은 당신이 한 말에 대해 법적 구속력을 갖게 된다. 또한, 당신이 결혼할 때 여러 증인 앞에서 혼인서약을 하고, 종종 결혼 약속의 증거로 반지를 교환한다.

예수님은 하나님께서 그의 백성을 향한 가장 위대한 약속을 지키는 일을 자신의 피로써 봉인함으로 실천했다. 십자가에 못 박히기 전날 밤, 예수님은 제자들과 함께 유월절 식사를 했다(눅 22:14~15). 그러나 예수님은 유월절 식사를 이전에 하던 유월절 식사가 아닌 새로운 의미의 식사로 바꾸었다. 이제 유월절 식사는 이집트에서의 구원이 아니라, 십자가에서 성취한 하나님의 구원을 의미하는 식사가 된 것이다(마 26:17~18; 막 14:12~26; 눅 22:7~22).

누가는 예수님이 제자들과 함께 유월절 식사하는 것을 고대했다고 증언한다. "때가 이르매 예수께서 사도들과 함께 앉으사, 이르시되 내가 고난을 받기 전에 너희와 함께 이 유월절 식사를 원하고 원하였노라"(눅 22:14-15). 유월절에 대한 성경의 가르침은 가족이 함께 식사하며 그것을 기념하는 것이다. 이런 이유로 아버지들은 그 식사의 의미를 아들들에게 설명해야 했다(출 13:14). 그러나 예수님의 유월절은 달랐다. 예수님은 제자들과 함께 유월절을 기념함으로써 친구를 가족으로 바꾸었다. 예수님은 자신의 희생을 받는 사람들은 모두 가족이라고 선언하신 것이다.

유월절 식사 중에 예수님은 "떡을 가져 감사 기도하시고 떼어 그들에게 주시며 이르시되 이것은 너희를 위하여 주는 내 몸이라 너희가 이를 행하여 나를 기념하라"라고 했다(눅 22:19). 그다음으로, "저녁을 먹은 후에 잔도 그와 같이하여 이르시되 이 잔은 내 피로 세우는 새 언약이니 곧 너희를 위하여 붓는 것이라"라고 하셨다(눅 22:20). 예수님은 자신이 곧 맞이하게 될 죽음을 제자들이 어떻게 이해하는지를 설명하기 위해 유월절을 재구성하였다. 그것은 우연도, 실수도 아니었다. 예수님이 제자들을 놀라게 하려는 것이나, 자기 뜻에 반대되는 것도 아니었다. 오히려 예수님은 제자들을 위해 자신의 몸을 **주려** 했다(눅 22:19). 그는 "죄 사함을 얻게 하려고 많은 사람을 위하여" 피를 흘리려 했다(마 26:28).

예수님의 죽음은 마침내 하나님이 약속하신 새 언약을 살아나게 했다. "이 잔은 내 피로 세우는 새 언약이니 곧 너희를 위하여 붓는 것이라"(눅 22:20). 수백 년 전, 하나님은 그의 백성들에게 새 언약을 맺을 것에 대해 약속하셨다(렘 31:31~34). 이 새 언약은 하나님이 자신의 법을 백성들의 마음에 기록할 것이며, 그들을 안팎으로 변화시켜 하나님이 좋아하는 것을 그들도 좋아하며, 하나님의 명령을 즐겨 준행하는 사람들이 되게 할 것이라 했다. 그리고 그들의 가장 작은 자부터 가장 큰 자까지 모두 하나님을 알게 될 것이며, 하나님은 그들의 죄를 완전히 그리고 최종적으로 용서해주고, 다시는 기억하지 않을 것이라고 약속했다.

예수님은 이 모든 것이 자기 죽음을 통해 일어나게 될 것이라고 했다. 하나님은 새 언약의 약속을 예수님의 피로 봉하실 것을 선포한 것이다. 예수님은 떡을 들어 "이것은 내 몸이니라"라고 하시고 또 잔을 들고 "나의 피"라고 말했다(마 26:26~28). 예수님은 어떻게 이 식사의 요소들을 자신과 동일시 할 수 있었을까? 예수님은 떡과 포도주를 새 언약의 표지(sign)로 삼는 방식을 통해 그것을 가능하게 했다. 그는 마치 신랑과 신부가 결혼 서약의 반지로 묶이는 것처럼, 이 두 가지를 하나님의 새 언약의 약속과 묶이게 했다. 신부에게 "이 반지는 당신을 사랑하고 소중히 여기며, 당신을 보살피고 필요한 모든 것을 주겠다고 다짐하는 나의 약속입니다. 손가락의 반지를 볼 때마다 당신을 향한 나의 약속을 기억해 주세요"라는 것처럼 말이다.

예수님은 이 떡과 포도주가 다른 무언가로 변하게 될 것이라고 말한 것이 아니다. 예수님은 어떤 것을 나타내는 표지로 지칭했다. 즉 예수님은 떡과 포도주를 하나님의 새 언약의 약속에 대한 표지로 삼았으며, 그런 이유로 제자들에게 자신을 기념하여 이 만찬을 반복적으로 시행하라고 명령했다. "이것은 너희를 위하여 주는 내 몸이라 너희가 이를 행하여 나를 기념하라 하시고"(눅 22:19). 마치 유월절이 매년 반복적으로 기념할 절기인 것처럼(출 12:14), 예수님은 제자들과 함께했던 마지막 만찬을 새로운 기념일로 바꾸었다. 이 새로운 식사는 예수님의 죽음으로 구원받은 사람들의 정체성과 그들의 공동체를 정의하는 것이 되었다.

십자가에서, 하나님은 예수님의 희생의 피를 통해 사람들을 직접 구원하셨다. 그는 그들을 죄에서 해방하고 자신의 소유로 만들었다. 그리고 이러한 위대한 구원을 진행할 전날 밤에, 영원히 기념해야 할 식사를 하도록 하셨다. 본서의 이후 장들에서 보게 될 것이지만, 이 식사는 예수님 안에서 하나님의 새로운 백성됨을 정의하는 식사이다. 다른 사람들은 해서는 안 되며, 오직 하나님의 새로운 백성만이 기념할 수 있는 식사인 것이다. 우리의 구원에 관한 이야기를 계속 말해 줌으로, 이 식사는 하나님이 행한 과거의 구원을 현재 시점으로 가져오는 역할을 한다. 그것은 또한 모든 그리스도인은 한때 죄로 인해 잃어버린 자들이었다는 사실과 우리 주 예수님은 구원하시는 하나님이심을 알려준다.

3장
합당한 단체

대다수 부모가 자녀들에 대해 하는 걱정 중에 높은 비중을 차지하는 것은 자녀들이 나쁜 무리에 속하지 않을까 하는 점이다. 이런 걱정은 간혹 자녀에 대한 과보호로 이어지기도 한다. 그것은 다른 측면에서는, 인간의 특성에 대한 본질적 통찰을 보여주기도 한다. 즉, 인간은 함께 시간을 보내는 사람들과 비슷해져 간다는 것이다. 사도 바울은 자상한 아버지의 마음으로, 고린도교회가 교제하는 사람들로 인해 걱정했다. 그것은 불량하고 방탕한 자들과 어울리는 것보다 더 위태로운 것이었다.

고린도전서 10장 14~22절에서, 사도 바울은 고린도교회 교인들에게 이교 신들에게 바쳐진 음식을 먹지 말 것을 경고한다. 그리고 그들에게 "그런즉 내 사랑하는 자들아 우상 숭배 하는 일을 피하라"(14절)라고 간청한다. 바울은 자신의 주장을 뒷받침하기 위해, 우선으로 주의 만찬을 언급한다.

> "우리가 축복하는바 축복의 잔은 그리스도의 피에 참여함이 아니며 우리가 떼는 떡은 그리스도의 몸에 참여함이 아니냐 떡이 하나요 많은 우리가 한 몸이니 이는 우리가 다 한 떡에 참여함이라"(16-17절).

바울이 말하려는 요지는, 주의 만찬에 참여하는 사람들은 그리스도의 죽음의 유익을 공유하고, 그리스도와 교제하기 때문에 서로 교제할 수 있다는 것이다. 주의 만찬에서 우리는 그리스도와 교제하며 또한, 교회와 교제한다.

다음으로 바울은 이스라엘 백성들이 옛 언약 아래서 제단에 바쳐진 제물에 어떻게 "참여했는지"에 관해 설명한다(18절). 그들은 제물을 통해 자신들의 정체성을 드러냈고, 제물이 주는 유익을 얻었다. 이런 점에서 바울은 고린도교회 교인들이 거짓 신들을 통해 자신들의 정체성을 가지려 하거나, 그들에게서 유익을 얻으려는 행위를 하지 않기를 원했던 것이다!

그리고 바울은 고린도 교인들이 잘못 이해하는 것을 방지하기 위해 다음과 같이 말한다.

"그런즉 내가 무엇을 말하느냐 우상의 제물은 무엇이며 우상은 무엇이냐 무릇 이방인이 제사하는 것은 귀신에게 하는 것이요 하나님께 제사하는 것이 아니니 나는 너희가 귀신과 교제하는 자가 되기를 원하지 아니하노라"(19-20절)

이교도들이 숭배하는 신들은 애초에 존재하지 않는다. 왜냐하면, 하나님은 한 분밖에 없기 때문이다(고전 8:4). 또한, 우상을 마치 존재하는 것으로 생각하고 숭배하면, 악령을 받아들여 영향을 받는 것과 같다. 바울은 고린도교회 교인들이 어떠한 악한 세력과도 연계되지 않도록 경계하였다.

그리스도를 향한 충성과 우상을 향한 충성은 서로 양립할 수 없다.

"너희가 주의 잔과 귀신의 잔을 겸하여 마시지 못하고 주의 식탁과 귀신의 식탁에 겸하여 참여하지 못하리라"(21절)

　예수님은 주님이 되시나 우상들은 그렇지 않다. 우상들과 교제하면, 그리스도와 교제는 할 수 없게 된다. 양쪽과 친하게 지내려 하는 것은 마치 불장난 하는 것과 같은 것이다. "그러면 우리가 주를 노여워하시게 하겠느냐 우리가 주보다 강한 자냐"(22절). 하나님은 전심으로 배타적이면서 온전한 충성을 받기 원하신다.

　그렇다면 고린도교회의 문제는 무엇인가? 바울은 기독교인들이 비기독교인들과 교제하는 것을 문제 삼는 것이 아니었다(27절). 그들의 신들과 교제하는 것이 문제였다. 이 성경 구절들은 주의 만찬을 주된 초점으로 삼고 있지는 않지만, 주의 만찬에 대한 바울의 가르침이 풍부하게 포함되어 있다. 하지만 이 부분은 그간 소홀히 취급되었다. 첫째, 이 구절들은 초기 기독교인들이 예수님이 명령하신 것들을 그대로 행했음을 보여준다. 그들은 예수님이 자신들을 위해 죽었다는 사실을 기념하기 위해 지역교회에서 떡과 포도주를 함께 나누었다. 바울은 그의 편지를 받는 전체 교회가 하나 되어 떡과 포도주를 나누었다고 가정하고 있다(17절).

　또한, 바울은 주의 만찬에서 일어나는 일을 그리스도의 피와 몸에 "참여했다"라고 묘사했다(16절). "참여하다"라는 말은 어떤 의미일까? 그것은 예수님을 믿는 신자들이 주의 만찬에 참여할 때, 그의 죽음의 유익을 경험한다는 뜻이다. 떡과 포도주는 약속에 대한 가시적 언어인데, 그것은 예수님이 그의 피로 산 용서와 화해의 새 언약의 실체를 마음으로 그리는 것이다. 주의 만찬에서 우리는 그리스도와 교제하며, 그와의 교제를 계속 유지한다.

우리는 주의 만찬에서 그리스도와 계속 교제함을 통해, 서로 간의 교제를 지속해서 유지한다. 바울이 17절에서 "떡이 하나요 많은 우리가 한 몸이니 이는 우리가 다 한 떡에 참여함이라"라고 말한 것과 같다. 그리스도와의 교제는 교인들 간의 교제를 만들어낸다. 지역교회로서, 우리는 한 몸이다. 왜냐하면, 우리는 한 떡을 나누며, 그 떡이 의미하는 모든 것을 공유하기 때문이다. 우리는 그리스도와 연합되었으므로, 그분 안에서 서로 연합된 것이다.

주의 만찬은 우리가 기독교인들로서 보존하고 있는 단체 즉, 그리스도와 그리스도 안에서의 교회를 정의한다. 바울은 서로 양립할 수 없는 식사라는 용어를 통해 기독교인의 정체성과 이교도의 정체성을 구분한다. 그리스도에게 속한다면, 그의 백성들과 함께 그의 음식을 먹어야 한다. 사탄의 음식을 먹어서는 안 된다. 이스라엘 사람들에게 유월절이 그러했던 것처럼, 주의 만찬은 교회와 교회회원의 자격을 정의한다. 주의 만찬을 먹는 사람들은 한 몸을 이룬다. 그리고 그리스도 안에 있는 자들만 그것을 먹을 수 있다.

주의 만찬은 그리스도인이 된다는 것이 어떤 의미인지에 관해 아름답게 묘사한다. 그리스도의 십자가 희생을 통해, 우리는 그리스도와 교제하며, 그의 백성과도 교제한다. 우리는 식사를 통해 예수님이 주시는 이 두 가지 교제의 유익을 맛본다. 주의 만찬에서, 복음은 우리가 단순히 듣거나 보는 어떤 것이 아니라, 먹는 어떤 것이 된다.

4장
함께 모임

저녁 만찬을 확실히 망칠 수 있는 어떤 방법이 있을까? 다음과 같은 방법이 있을 것이다. 다른 사람들보다 먼저 도착해 모든 음식을 다 먹어버리고, 술에 취해 곯아떨어져 버리는 정도면 분명 효과가 있을 것이다.

슬프게도, 그것은 고린도교회가 주의 만찬을 위해 모였을 때 몇몇 교인들이 똑같이 행한 일이었다! 바울은 고린도교회 교인들에게 주의 만찬을 기념하는 일에, "너희의 모임이 유익이 못되고 도리어 해로우므로" 아무것도 명령할 게 없다고 했다(고전 11:17). 생명의 유기체인 교회를 파괴하는 분열은 주의 만찬을 조롱하는 행위이다. "그런즉 너희가 함께 모여서 주의 만찬을 먹을 수 없으니"(20절; 18~19절 참고). 그들은 도대체 어떤 행동을 했는가?

"이는 먹을 때에 각각 자기의 만찬을 먼저 갖다 먹으므로 어떤 사람은 시장하고 어떤 사람은 취함이라 너희가 먹고 마실 집이 없느냐 너희가 하나님의 교회를 업신여기고 빈궁한 자들을 부끄럽게 하느냐 내가 너희에게 무슨 말을 하랴 너희를 칭찬하랴 이것으로 칭찬하지 않노라"(21-22절)

부유한 교인들은 주의 만찬을 마치 그들의 사적인 잔치로 취급했다. 그들은 먹고 마시는 데 빠져 가난한 사람들을 제외하고, 모든 떡과 포도주를 다 먹어버리고 다른 사람들을 위해서는 아무것도 남기지 않았다.

바울은 이들의 방종한 모습을 없애기 위해, 예수님이 마지막 만찬에서 했던 말과 행동을 다시 생각나게 했다. 예수님은 '떡은 그의 몸이고 잔은 그의 피로 세운 새 언약이라고 말했다'는 것이다(23~25절). 바울은 다음과 같이 결론 짓는다. "너희가 이 떡을 먹으며 이 잔을 마실 때마다 주의 죽으심을 그가 오실 때까지 전하는 것이니라"(26절). 주의 만찬에 참여하는 것은 그리스도의 속죄 죽음을 선포하는 것이다. 주의 만찬은 곧 복음을 선언하는 것이다.

주의 만찬은 복음을 선포하는 것이므로, 그것은 또한 복음에 요구되는 요소를 가지고 있다. "그러므로 누구든지 주의 떡이나 잔을 합당하지 않게 먹고 마시는 자는 주의 몸과 피에 대하여 죄를 짓는 것이니라"(27절). 이것이 우리가 만찬에 참여하기 전에 먼저 자신을 살펴야 하는 이유이다(28절). 바울은 다시 한번, "주의 몸을 분별하지 못하고 먹고 마시는 자는 자기의 죄를 먹고 마시는 것이니라"(29절)라며 충고한다.

그렇다면 "주의 몸을 분별"한다는 것은 어떤 의미일까? 꽤 어려운 말이지만, 나는 이 말의 의미가 기본적으로 그리스도와 그의 백성을 사랑해야 함을 인식하고 추구하는 삶과 관련이 있다고 생각한다. 만일 당신이 주의 만찬에서 그리스도의 죽음을 선포하고, 그리스도의 죽음이 주는 유익을 당신이 소유하고 있음을 주장한다면, 당신은 스스로 그리스도를 고백하고 받아들인 사람들과 같은 입장에 서게 된다. 십자가 아래서 그리스도인들 속에 포함된 사람이 되는 것이다.

예수님의 백성을 멸시하면서 예수님의 죽음을 선포할 수 없다. 주님의 죽음은 주님의 백성을 구원하고 연합하게 한다. 당신의 행동이 그리스도의 백성을 경멸하고 멸시하면 그리스도의 죽음을 경멸하고 멸시하는 것과 같은 것이 된다. 주의 만찬을 할 때 가난한 교인들을 수치스럽게 여기고 제외하면 그리스도는 그들이 아닌 오직 나만을 위해 죽으셨다고 하는 것과 다를 바 없는 것이 된다.

바울이 자신을 살피고 주의 몸을 분별하라는 것은 우리의 삶 가운데 죄가 없는 상태에서 주의 만찬에 참여하라는 의미가 아니다. 주님께 고백하지 않은 죄가 없어야 참여할 수 있다는 뜻도 아니다. 완벽한 사람은 아무도 없으며, 자기의 죄를 완벽하게 인지하고 고백할 수 있는 사람도 없다. 바울이 전하고자 하는 바는, 우리가 그리스도에 대한 사랑과 그의 백성에 대한 사랑을 분리하지 않는지 검토해야 한다는 것이다. 이것은 그리스도를 따른다고 주장하는 것과 뚜렷하게 모순되는 삶을 사는 사람들은 만찬에 참여해서는 안 된다는 것을 암시한다(고전 5:9~11 참조). 주의 만찬은 그리스도를 진실로 믿고 죄와 싸우는 사람들에게 겁을 주어서는 안 되며, 오히려 용기를 불어넣어 주어야 한다.

하나님은 지독하게 이기적인 만찬 잔치를 한 일부 고린도교회 교인들을 질병과 죽음으로 심판했다(11:30). 그래서 바울은 마지막 날에 주님께 심판받지 않도록 바로 현재 시점에서 자신을 잘 살필 것을 충고했다(31~32절). 바울은 결론적으로 고린도 교인들에 대해 다음과 같이 교훈했다.

"그런즉 내 형제들아 먹으러 모일 때에 서로 기다리라 만일 누구든지 시장하거든 집에서 먹을지니 이는 너희의 모임이 판단 받는 모임이 되지 않게 하려 함이라"(33-34절).

주의 만찬은 그리스도의 전체 몸이 함께 모여 그리스도의 구원, 죽음을 선포하고 즐거워하는 것이다. 그것은 그리스도의 몸을 받아들이므로 그의 죽음을 선포하는 것이다. 또한, 그리스도를 간직하며 서로를 돌보기 위해 모이는 것이다.

5장
가장 좋은 것은 마지막에

불꽃놀이 쇼와 하나님의 구원 계획 사이에 어떤 공통적인 점이 있을까? 그것은 가장 좋은 것은 마지막을 위해 남겨 놓는다는 것이다.

사도 바울은 소망으로 구원받았다는 사실과 더불어, "보이는 소망이 소망이 아니니 보는 것을 누가 바라리요"라고 말한다(롬 8:24). 우리는 사는 동안 내내 보이지 않는 것을 소망하며 인내로 기다린다(25절).

그렇다면 우리는 정확히 무엇을 기다리는 걸까? 성경 특히 계시록은 구원의 목적을 전부 달성한 이후 하나님이 우리에게 가져다줄 삶의 모습에 대해 황홀하게 묘사한다. 새로운 창조세계가 열릴 것인데, 그곳에서는 하나님이 그의 백성과 얼굴을 대하며 살고, 오직 치유와 행복과 성스러움만 있을 것이다. 그리고 어느 날 하나님은 영원하며 누구도 끊을 수 없는 결혼을 통해 그의 백성과 연합하게 될 것이다. 언젠가 큰 잔치가 열릴 것인데, 그것은 그 어떤 잔치보다 훨씬 대단한 잔치가 될 것이다. 하나님은 마지막을 위해 가장 좋은 것을 남겨두고 계신다.

예수님은 주의 만찬을 제정할 때 이 잔치에 대해 암시적으로 말씀하셨다. 그는 제자들에게 그의 피로 세운 새 언약의 잔을 마시라고 한 후, "너희에게 이르노니 내가 포도나무에서 난 것을 이제부터 내 아버지의 나라에서 새것으로 너희와 함께 마시는 날까지 마시지 아니하리라"라는 말을 덧붙였다(마 26:29). 주의 만찬은 십자가를 되돌아보게 할 뿐 아니라, 앞으로 도래할 하나님의 왕국을 바라보게 한다. 그것은 예수님이 그의 백성과 함께 잔치 열 날을 고대하게 한다. 그러므로 바울은 "너희가 이 떡을 먹으며 이 잔을 마실 때마다 주의 죽으심을 그가 오실 때까지 전하는 것이니라"라고 했다(고전 11:26). 주의 만찬을 기념할 때, 과거를 기억하는 것뿐 아니라 미래를 맛보기도 한다.

성경은 교회를 그리스도의 신부라 한다(엡 5:22~33). 그러나 이 세상에서는 약혼을 한 단계이며 결혼을 한 상황은 아니다. 결혼은 곧 도래하게 될 것이다.

"또 내가 들으니 허다한 무리의 음성과도 같고 많은 물 소리와도 같고 큰 우렛소리와도 같은 소리로 이르되 할렐루야 주 우리 하나님 곧 전능하신 이가 통치하시도다 우리가 즐거워하고 크게 기뻐하며 그에게 영광을 돌리세 어린 양의 혼인 기약이 이르렀고 그의 아내가 자신을 준비하였으므로 그에게 빛나고 깨끗한 세마포 옷을 입도록 허락하셨으니 이 세마포 옷은 성도들의 옳은 행실이로다 하더라 천사가 내게 말하기를 기록하라 어린 양의 혼인 잔치에 청함을 받은 자들은 복이 있도다 하고 또 내게 말하되 이것은 하나님의 참되신 말씀이라 하기로" (계 19:6-9)

그리스도가 그의 백성과 결혼할 날이 도래하며(7절), 이 혼인 잔치에 초대된 사람들은 영원한 축복을 받는다(9절). 그날에 예수님은 성부의 왕국에서, 우리와 더불어 포도나무 과일에서 난 음료를 마시게 될 것이다. 그때는 우리의 믿음을 볼 수 있게 될 것이다. 그때는 의에 주리고 목마른 자들이 마침내 만족하게 될 것이며, 모든 선한 소망들이 풍족하게 이루어질 것이다.

그리스도가 도래하기 한참 전에 하나님은 이사야 선지자를 통해 그날이 올 것을 약속했다.

"만군의 여호와께서 이 산에서 만민을 위하여 기름진 것과 오래 저장하였던 포도주로 연회를 베푸시리니 곧 골수가 가득한 기름진 것과 오래 저장하였던 맑은 포도주로 하실 것이며 또 이 산에서 모든 민족의 얼굴을 가린 가리개와 열방 위에 덮인 덮개를 제하시며 사망을 영원히 멸하실 것이라 주 여호와께서 모든 얼굴에서 눈물을 씻기시며 자기 백성의 수치를 온 천하에서 제하시리라 여호와께서 이같이 말씀하셨느니라 그날에 말하기를 이는 우리의 하나님이시라 우리가 그를 기다렸으니 그가 우리를 구원하시리로다 이는 여호와시라 우리가 그를 기다렸으니 우리는 그의 구원을 기뻐하며 즐거워하리라 할 것이며 여호와의 손이 이 산에 나타나시리니" (사 25:6-10)

하나님은 사망을 멸하실 것이고, 슬픔과 수치는 사라질 것이다. 사망을 멸하시는 날, 열방에서 몰려온 그의 백성에게 하나님은 맛있는 음식을 나누어줄 것이다. 그날에, 하나님의 구원으로 인해 우리의 마음이 기쁨으로 벅차오를 때, 하나님의 백성은 하나님에 의해서뿐만 아니라 하나님 안에서 만족하게 될 것이다.

그날에, 우리의 고달픈 기다림은 보상받게 될 것이다. 우리가 기다려왔으며 인생을 걸었던 하나님, 모든 것이 무너질 때 매달렸던 그 하나님은 우리 모두에게 자신만이 그럴 자격이 있는 존재임을 영원히 증명할 것이다. 그날에 우리는 단지 그의 구원을 기뻐하며 즐거워하기만 하면 된다.

그러나 현재는 믿고, 소망하며, 기다려야 한다. 우리는 주의 만찬을 기념할 때, 십자가를 되돌아보며, 곧 도래할 하나님의 왕국을 바라본다. 떡과 포도주는 예수님의 죽음에 대한 아픔과 슬픔뿐 아니라, 예수님이 그의 신부와 영원히 연합하는 날, 하나님이 베풀 잔치를 미리 맛보게 한다. 예수님이 가나 혼인 잔치에서 물로 포도주를 만든 것처럼(요 2:10), 하나님은 마지막에 가장 좋은 것을 주려고 저축해 놓으셨다.

제2부:
표지(Sign)에 대한 간략한 설명

6장. 주의 만찬이란 무엇인가?
7장. 주의 만찬은 우리를 어떻게 만드는가?

6장
주의 만찬이란 무엇인가?

  우리는 지금까지 주의 만찬에 관한 성경의 다섯 가지 짤막한 묘사들을 제시했다. 즉 주의 만찬의 기초가 된 유월절과 그것의 변형, 예수님이 주의 만찬을 제정하심, 고린도전서 10장과 11장에 나오는 바울의 가르침, 앞으로 기대하게 될 어린양의 혼인 잔치 등이다. 이제는 이 짤막한 묘사들을 모아 큰 그림을 그릴 시간이다.
  나는 이번 장에서 주의 만찬에 대한 정의를 제시할 것이다. 이후 성경 구절들을 통해 그 정의에 관해 살펴보고, 주의 만찬의 각 요소가 우리가 공부해온 성경 구절들에서 어떻게 표현되는지 분석해 볼 것이다.

주의 만찬 정의하기

  주의 만찬이란 무엇인가? 주의 만찬은 떡과 포도주에 참여함을 통해 그리스도의 죽음을 기념하고, 그리스도와 교제하며 교인들 간에 서로 교제하는 교회의 행위이다. 그것은 또한 그리스도의 유익을 받아들이며 그리스도와 그의 백성을 향한 헌신을 새롭게 하는 신자의 행위이다. 그렇게 함으로 교회를 한 몸 되게 하며 세상에 드러나게 한다.
  이 정의의 각 부분을 분석해보자.

· 주의 만찬은 교회가 하는 행위이다

첫째, 주의 만찬은 교회가 하는 행위이다. 그것은 전적으로 지역교회의 행위로서 지역교회가 하나 되어 행하는 어떤 것이다. 바울이 고린도전서 11장에서 주의 만찬을 기념하기 위해 모인 고린도 교인들에게 했던 말을 살펴보자.

> "너희의 모임이 유익이 못되고 도리어 해로움이라"(17절)
> "먼저 너희가 교회에 모일 때에 너희 중에 분쟁이 있다 함을 듣고"(18절)
> "그런즉 너희가 함께 모여서 주의 만찬을 먹을 수 없으니"(20절)
> "그런즉 내 형제들아 먹으러 모일 때에 서로 기다리라…이는 너희의 모임이 판단받는 모임이 되지 않게 하려 함이라"(33-34절)

이 구절들에서 분명한 것은 고린도교회는 주의 만찬을 전체 교회가 함께 모여 기념했다는 사실이다. 그것은 개개인이나 일부 가정들 혹은 소모임들이 하는 행위가 아니라, 전체 교회가 하는 행위였다. 그리고 신약성경의 다른 교회들이 고린도교회와 다른 방식으로 실행한 증거는 전혀 없다.

주의 만찬은 교회가 교회로서 기념하는 행위이다. 주의 만찬은 친구들과 같이하는 사적인 식사가 아니며, 교회가 그리스도와의 교제 및 서로 간의 교제를 위한 공적인 기념인 것이다. 따라서 주의 만찬은 교회와 분리될 수 없는 관계이다. 교회의 모임을 없애지 않는 한 주의 만찬을 교회에서 없앨 수는 없다. 주의 만찬은 교회가 하는 행위이기 때문이다.

· **그리스도와의 교제 및 교인 간의 교제에 관하여**

제3장에서 살펴보았듯이, 주의 만찬을 기념할 때, 그리스도의 몸과 피에 "참여"하게 된다(고전 10:16). 믿음으로 떡과 포도주를 먹을 때, 우리를 위한 주님의 깨어진 몸과 흘리신 피에 참여하게 된다. 용서, 화해, 양자 됨, 그리고 새 언약을 위한 주님의 몸과 피에 참여하는 것이다.

이런 이유로 주의 만찬은 종종 "교제"로 불리기도 한다. 우리는 주의 만찬 안에서 그리스도와 교제하며 친교를 나눈다. 우리는 그리스도께서 우리를 위해 십자가에서 이루신 구원을 즐거워하며 다시 경험한다. 우리는 입으로 떡과 포도주를 먹으며 또한, 믿음을 통해 그리스도를 마음으로 먹는다.

여기서 "우리"라는 것이 매우 중요한 요소이다. 이제까지 살펴보았듯이, 주의 만찬은 교회가 하는 행위이다. 단순히 수십 명 혹은 수백 명의 사람이 한 방에 모여 개인별로 특별하게 중요한 예배를 드리는 개념이 아니다. 고린도전서 10장 17절의 바울의 말을 기억해야 한다. "떡이 하나요 많은 우리가 한 몸이니 이는 우리가 다 한 떡에 참여함이라." 주의 만찬에서, 우리는 그리스도와 교제하기 때문에 서로 간에 교제하는 것이다. 주의 만찬은 그리스도와 우리의 연합을 표시하는 것이며, 그에 따라 그리스도 안에서 우리의 하나 됨을 나타내는 것이다. 주의 만찬에서, 우리는 다 함께 그리스도와 교제하며, 그럼으로써 서로서로 교제한다.

· 그리스도의 죽음을 기념하는 것에 관하여

우리는 주의 만찬에서 예수님의 죽음을 기념한다. "또 떡을 가져 감사 기도하시고 떼어 그들에게 주시며 이르시되 이것은 너희를 위하여 주는 내 몸이라 너희가 이를 행하여 나를 기념하라 하시고"(눅 22:19). 이 기념하는 행위는 예수님의 죽음과 그 의미를 되새기는 것과 관련되어 있다. 떡을 떼어 먹으며 포도주를 마시는 행위는 우리의 시각과 미각을 통해 복음의 사건들을 극적으로 경험하게 한다.

주의 만찬은 단순히 다시 기억하도록 하는 역할만 하는 것이 아니다. 그것은 어떤 의미로는 과거의 사건을 현재 시점으로 가져오는 역할도 한다. 하나님이 유월절을 지키는 사람들에게 한 말을 기억하는가? "너는 그날에 네 아들에게 보여 이르기를 이 예식은 내가 애굽에서 나올 때 여호와께서 나를 위하여 행하신 일로 말미암음이라 하고"(출 13:8). 세대마다 "나는 주님께서 애굽에서 나를 데리고 나오신 방법을 이 만찬을 통해 기념한다"라고 말해야 했다. 후세대들 역시 하나님이 그의 백성들과 맺으신 언약에 소속되어 있으므로, 언약의 방식과 그 언약을 출발시킨 같은 구원의 사건에도 포함된 것이다.

마치 유월절이 계속 지켜지면서 형식이 변화되는 것처럼, 주의 만찬 역시 언약을 기억하기 위한 식사이다. 그것은 과거의 사건을 현재 시점으로 가져와서, 우리 삶의 줄거리를 예수님의 구원 이야기에 포함되게 하는 것이다. 우리 각자는 주의 만찬에서 "나는 주님이 나를 죄에서 구원하기 위해 십자가에서 행하신 일로 인해 떡을 먹고 이 잔을 마십니다"라고 말해야 한다.

또한, 제5장에서 살펴보았듯이, 주의 만찬은 미래의 일을 현재 시점으로 가져오는 역할도 한다. 과거의 십자가를 되돌아볼 때, 곧 도래할 하나님의 왕국을 미리 바라보게 된다. 우리는 주님의 죽음을 기념하면서, 그의 재림을 손꼽아 기다린다. 이에 대해 바울은 "너희가 이 떡을 먹으며 이 잔을 마실 때마다 주의 죽으심을 그가 오실 때까지 전하는 것이니라"라고 말했다(고전 11:26). 우리는 주의 만찬에서 그리스도의 십자가 죽음을 통한 구원의 의미를 기념하며 선포한다.

· 떡과 포도주에 참여하는 것에 관하여

예수님은 최후의 만찬 때, 유월절 음식의 두 가지 요소—떡과 포도주—를 취해, 우리를 위해 주신 그의 몸과 우리를 위해 흘리신 그의 피에 대한 표지로 삼았다(마 26:26~28; 막 14:22~24; 눅 22:17~20). 주의 만찬에서, 온 교회는 떡과 포도주에 참여함으로 그리스도의 죽음의 유익을 선포하고 또한 그 유익에 참여한다.

신약성경에서 주의 만찬은 그 시대의 식사 환경에서 기념된 것으로 보인다(고전 11:20~22; 행 2:42; 20:7; 유 1:12). 나는 더 많은 교회가 그러한 행습을 회복하면 좋겠다고 생각하지만, 그것을 주의 만찬 예식에 필수적 요소로 생각하지는 않는다. 예수님은 우리에게 떡을 먹고 포도주를 마시는 것만 명령했기 때문이다.

중요한 것은 예수님이 그것을 행하라고 명령하셨다는 사실이다. 주의 만찬은 교회가 만들어낸 어떤 것이 아니라, 예수님이 제정한 것이다. 주의 만찬은 모든 기독교 신자가 예수님께 순종하며 그분과의 교제를 갱신하려는 기대를 가지고 정규적으로 참가해야 하는 행위이다.

· 신자의 행위에 관하여

주의 만찬이 교회가 행하는 행위인 것처럼, 그것은 개별 신자의 행위이기도 하다. 주의 만찬에서 개별 신자인 당신이 떡을 먹고 포도주를 마시지 않는가? 당신은 주님의 죽음을 그가 오시는 날까지 선포하는 것이다.

주의 만찬은 예수님을 믿는 신자만이 참여할 수 있다. 자신들을 구원하기 위해 예수님이 죽으셨다는 사실을 믿는 자들만 교회와 더불어 예수님의 죽음을 기념할 수 있다. 예수님의 죽음에서 소망을 갖는 자들만 예수님의 죽음을 선포할 수 있다. 더욱이 바울은 주의 만찬에 "합당하지 않게" 참여하는 자는, "주의 몸과 피에 대하여 죄를 짓는 것"이라고 경고했다(고전 11:27). 바울이 생각한 "합당하지 않는" 특정한 행위는 고린도 교인들이 동료 교인들에게 행했던 죄에 관한 것이었으나, 이 원리는 그리스도에 대한 믿음 없이 주의 만찬에 참여하는 모든 자에게 적용된다. 이처럼 주의 만찬은 축복을 주지만, 심판을 가져올 수도 있다(고전 11:29).

교회에 속해 있으나 그리스도인이 아닌 사람들을 향해서는 예수님을 믿지 않으면 주의 만찬에 참여할 수 없다는 사실을 알려주어야 한다. 그들이 떡과 포도주를 받지 말고 지나치도록 해야 한다. 주의 만찬은 사람들을 회심하도록 돕는 차원의 복음적 의식이 아니다. 그것은 사람들에게 회심의 필요를 강조하는 의식이다.

· 그리스도의 유익을 받음에 관하여

주의 만찬에서, 신자는 그리스도의 유익을 받는다. 이것이 바로 그리스도의 몸과 피에 다 같이 "참여함"에 있어 개인과 관련된 측면이다(고전 10:16). 그렇다면 그리스도의 유익은 주의 만찬에 참여하기 전 혹은 주의 만찬을 통하지 않고서는 하나도 갖지 못한다는 뜻인가? 전혀 그렇지 않다.

설교를 들을 때 어떤 일이 일어나는지 생각해보자. 당신은 이미 그리스도를 믿고 있는 상태로 주일 아침에 교회에 나온다. 그리고 목사가 성경을 통해 그리스도를 선포할 때, 복음은 다시 한번 능력으로 당신에게 다가온다. 바로 그때 당신은 예수님을 새롭게 받아들이게 된다. 당신은 그분을 더욱 온전히 믿게 되고, 그분에게 더욱 진정한 순종을 하게 된다. 당신은 하나님과의 관계에서 용서와 평화를 더 강렬하게 경험하게 된다.

주의 만찬에서도 이와 유사한 일이 일어난다. 믿음으로 인해 그리스도는 이미 당신의 주님이 되었지만, 당신이 떡과 포도주를 받을 때, 다시 한번 그분을 받아들이게 된다. 떡과 포도주라는 물질적 표지가 당신의 믿음을 지지하며 강화해준다. 신자는 주의 만찬에서 그리스도의 유익을 새롭게 받는다.

· 그리스도와 그의 백성을 향한 헌신을 새롭게 함에 대하여

주의 만찬은 일차적으로 받는 것이다. 그리스도는 새 언약을 세우고 우리를 위한 용서를 쟁취하기 위해 죽으셨다. 우리는 주의 만찬에서 그리스도께서 우리를 위해 행하신 모든 것들을 다시 받게 된다. 주의 만찬은 먼저 그리고 무엇보다도 그리스도가 완성한 사역을 축하하는 자리다.

그것은 또한 복음에 대한 우리의 반응을 계속해서 재연하는 것이기도 하다. 주의 만찬을 받을 때, 당신은 "예수님은 나를 위해 몸을 주셨다. 예수님은 나의 죄를 용서하기 위해 피를 흘리셨다"라고 실질적으로 말하는 것과 같게 된다. 주의 만찬의 떡과 포도주를 먹고 마심으로, "이것은 사실이다. 나에게는 참된 사실이다. 이 예수님은 나의 구원자이다"라고 고백하게 된다.

예수님을 구원자로 영접하는 것은 또한 언제나 그분을 주님으로서 인정하고 복종하는 것이다. 예수님은 죄와 죄의 모든 결과물로부터 구원해주신다. 구원받기를 원치 않는 사람은 예수님을 구원자로 부를 수 없을 것이다. 따라서 주의 만찬을 통해 그리스도의 유익을 받는 것은 그리스도를 위한 헌신과 복종을 새롭게 갱신하는 것이다.

주의 만찬은 새 언약의 표지임을 기억해야 한다. 언약은 자유로운 선택으로 이루어진 관계로서 맹세를 통해 확정된다. 구약성경 전체를 통해 하나님은 그의 백성과 언약의 맹세를 할 때, 종종 맹세에 대한 표지를 추가하곤 했다. 그러한 표지 중 하나는 무지개인데, 그것은 하나님이 노아에게 다시는 세상을 물로 심판하지 않겠다는 약속의 확증이었다(창 9:13~15). 대조적으로, 하나님이 아브라함에게 주신 할례의 표지는 할례받은 사람은 언약을 지킬 의무가 있음을 나타내는 표지였다(창 17:10~14).

출애굽기 24장에 나오는 언약의 식사에서 주의 만찬과 좀 더 유사한 표지를 찾아볼 수 있다. 마가복음 14장 24절에서, 예수님이 잔을 보고 "나의 피 곧 언약의 피"라고 하셨는데, 그것은 하나님이 시내 산에서 이스라엘과 언약을 세울 때 했던 모세의 말을 되풀이하신 것이다. "이는 여호와께서 이 모든 말씀에 대하여 너희와 세우신 언약의 피니라"(출 24:8). 이 일이 있고 난 후, 어떤 일이 일어났는지 알고 있는가? 모세와 아론과 이스라엘의 장로들이 하나님이 임재하시는 시내 산으로 올라가서, "하나님을 뵙고 먹고 마셨다"(출 24:9~11). 옛 언약은 희생 제물의 피에 의해서뿐만 아니라, 하나님이 친히 주최한 식사를 통해 확정되었다.

마찬가지로 새 언약은 예수님의 희생의 피로 시작되었고, 예수님이 주최한 만찬을 통해 반복적으로 확정된다. 새 언약의 당사자들 즉, 하나님과 그의 백성은 주의 만찬에서 언약에 대한 헌신을 증명한다. 하나님은 우리에게 예수님의 몸과 피에 대한 표지를 제공함으로 언약을 증명한다. 하나님은 떡과 포도주를 통해 그리스도를 믿으면 구원 받게 된다는 약속을 시각화하여 보여준다. 우리는 떡과 포도주를 받음으로 그리스도를 주님으로 받아들이는 것과 우리 자신을 전적으로 그에게 드릴 것을 엄숙히 맹세한다. 주의 만찬에서, 우리는 주님의 몸과 피가 되는 표지들을 먹고 마심으로 그리스도에 대한 믿음을 고백한다. 따라서 우리는 마치 구두 맹세를 하는 것처럼, 그분의 새 언약에 대한 우리의 헌신을 확실히 전하게 된다.

도장이 법적 문서를 확정하듯이, 주의 만찬은 새 언약을 계속해서 확정한다. 요약해서 말하면, 주의 만찬은 새 언약에 대한 맹세의 표지를 갱신하는 것이라 할 수 있다. 그것은 그리스도와 그의 언약, 그리고 그리스도의 백성에 대한 맹세와 같은 헌신("선서")을 표명하는 행위("표지")이다. 곧 알게 될 것이지만, 침례는 새 언약의 시작과 관련된 맹세로서 그리스도의 새 언약에 대한 헌신의 표지이며, 그것을 지킬 것을 공식적으로 선포하는 행위이다. 주의 만찬에서 우리는 이러한 최초의 헌신을 반복하고 재확인한다.

주의 만찬에서 우리는 그리스도의 백성을 향한 헌신을 재차 확인한다. 바울이 주님의 죽음을 선포하는 것과 주님의 백성을 사랑하는 것을 일직선상에 두었던 것을 기억하라(고전 11:17~34). 주의 만찬에서 우리는 주님과 교제하기 때문에 서로 교제하게 된다. 주의 만찬은 교회에 대한 책임을 수반한다. 떡과 잔에 참여하면, 그리스도의 몸을 돌볼 의무를 지게 된다. 만일 당신이 주의 만찬에서 그리스도를 당신의 구원자로 선포하면, 당신은 주의 백성을 당신의 형제요 자매로 선포하는 것이 된다. 이와 관련한 바울의 주장은 요한일서 4장 20절의 말씀과 같다.

"누구든지 하나님을 사랑하노라 하고 그 형제를 미워하면 이는 거짓말하는 자니 보는 바 그 형제를 사랑하지 아니하는 자는 보지 못하는 바 하나님을 사랑할 수 없느니라"

우리가 그리스도와 하나 되는 것은, 서로가 하나 된다는 뜻이다. 언약 공동체에 헌신하지 않으면서 언약에 헌신하는 것은 가능하지 않은 일이다. 우리가 그리스도에게 헌신하는 것과 똑같이 우리는 서로를 위해 헌신해야 한다. 그리스도의 식탁에서 그분을 받아들이는 것은 당신의 옆자리에 앉아있는 사람들을 형제와 자매로 받아들이는 것을 포함한다. 주의 만찬에서, 우리는 그리스도와 그의 백성에 대한 헌신을 갱신한다. 그렇게 함으로 교회를 한 몸 되게 하며 세상에 드러나게 한다.

　주의 만찬에 대한 정의의 마지막 문장은 교회와 신자의 행위를 통해 어떤 결과가 발생하는지 보여주는 것이다. 교회가 교제하며 기념하고, 또한 신자가 받아들이고 새롭게 될 때, 교회는 한 몸이 된다. 이것이 바울이 고린도전서 10장 17절에서 말한, "떡이 하나요 많은 우리가 한 몸이니 이는 우리가 다 한 떡에 참여함이라"라는 구절의 의미이다.

　좀 더 명확하게 말하면, 주의 만찬은 여러 사람을 하나로 연합하게 하며, 그 연합된 몸을 세상에 드러나게 한다. 교회가 주의 만찬을 기념하면, 그리스도의 백성이 세상에서 드러나 보이게 되는 것이다. 이 부분에 대해서는 다음 장에서 분석할 것이다.

침례에 대한 간략한 분석

　본 장을 끝맺기 전에, 잠시 주의 만찬과 침례를 비교해볼 필요가 있다. 지금까지 살펴본 것처럼, 주의 만찬은 교회가 떡과 포도주에 참여함을 통해 그리스도의 죽음을 기념하고, 그리스도와 교제하며 교인들 간에 서로 교제하는 교회의 행위이다. 그것은 또한 그리스도의 유익을 받아들이며 그리스도와 그의 백성에 대한 헌신을 새롭게 하는 신자의 행위이기도 하다. 그렇게 함으로 교회를 한 몸 되게 하며 세상에 드러나게 한다. 다른 한편으로, 우리는 침례를 다음과 같이 정의할 수 있다. 침례는 남자 혹은 여자를 물속에 잠기게 함으로, 그가 그리스도와 연합되었음을 확정하고 나타내는 교회의 행위이다. 그것은 또한 남자 혹은 여자가 공식적으로 그리스도와 그의 백성에게 헌신하는 행위이다. 그렇게 함으로 자신이 교회와 연합되었으며, 신자된 사실을 세상에 나타낸다.[1]

이러한 정의들에 명시적으로 모두 다 표현되어 있지는 않으나, 침례와 주의 만찬의 공통점과 차이점을 간략하게 분석해보자. 먼저 공통점은 다음과 같다. 두 의식은 예수님이 직접 명령하신 것들이다(마 28:19; 눅 22:19). 두 가지 모두 교회가 전체로서 하는 행위이자 신자가 개인으로 하는 행위이다. 침례에서는, 교회가 침례를 베푸는 사람을 통해 행동한다. 또한, 두 의식은 모두 복음에 대한 표지이다. 즉 침례와 주의 만찬은 그리스도와의 연합과 그리스도 안에서의 구원에 대한 가시적이며 감각적인 표현인 것이다.

좀 더 구체적으로 말하면, 두 의식은 새 언약에 대한 맹세의 표지라 할 수 있다. 침례는 새 언약의 시작을 나타내는 맹세의 표지이다. 그리스도에게 헌신하겠다는 것을 공식적이고 공개적으로 나타내는 수단이다. 침례는 엄숙하고 상징적인 맹세로서, 한 사람이 새 언약에 입회하였음을 공개적으로 인정하는 행위이다. 우리는 믿음으로 새 언약에 들어가고, 침례식에 참여함으로 믿음은 모든 사람에게 공개적이며 가시적인 것이 된다.

가장 큰 차이점이라 하면 침례는 오직 단 한 번 행하는 것인데 반해, 주의 만찬은 정기적으로 반복해서 행한다는 것이다. 또한, 침례

---

[1] 나의 저서, *Understanding Baptism* (Nashville, TN: B&H, 2016)의 제1장을 특별히 살펴보라.

는 교회가 대표자를 통해 개인에게 행하는 것인데 반해, 주의 만찬은 온 교회가 모두 함께 행하는 것이다. 따라서 침례는 개인이 그리스도와의 연합과 교회에 입회함을 표현하며, 주의 만찬은 전체 교회가 그리스도 또는 서로 간에 연합됨을 강조한다. 침례는 신자를 교회와 연합시키지만, 주의 만찬은 교회를 한 몸 되게 한다. 다음 장에서 좀 더 자세히 다루겠지만, 침례는 한 사람을 여러 사람과 결속하게 하나, 주의 만찬은 여러 사람을 하나로 묶는다.

7장
주의 만찬은 우리를 어떻게 만드는가?

한 쌍의 남녀가 실제로 혼인이 성사된 때를 언제로 보아야 할까? "맹세한다"라는 말을 할 때일까? 목사가 그들을 남편과 아내로 선포하는 순간일까? 결혼식을 다 마친 후일까?

대개 이러한 순간들은 모두 결혼을 완성하는 데 필수적이라 생각한다. 그러나 각각의 순간은 다른 순간을 위해 꼭 필요한 요소가 된다. 그렇지만 결혼식이 끝나지 않으면 두 사람은 온전하게 결혼한 상태가 아니라고 생각한다. 그리고 이러한 판단은 법적인 의미가 있어서, 이런 경우 두 사람은 이혼한 것이 아니라 결혼 자체가 무효가 된다.

그런데 이 이야기가 도대체 주의 만찬과 무슨 관계가 있을까? 내가 볼 때 많은 기독교 신자는 주의 만찬을 심화한 개인적 예배로 생각하는 것 같다. 즉 나는 교회에 가서, 설교를 듣고, 떡과 포도주를 먹으며, 내 죄를 위한 그리스도의 죽음과 용서를 다시 생각하고, 집으로 간다. 우리는 두말할 나위 없이 주의 만찬을 교회와 연관을 지어 생각하거나, 적어도 "교회에 가서" 행하는 어떤 것으로 생각한다. 대다수 기독교인은 주의 만찬과 지역교회를 연결하여 생각할 때, 이 정도 수준으로 인식하고 있다.

그러나 나는 이번 장에서 주의 만찬이 교회를 하나 되게 하는 일에 실제적으로 매우 결정적인 역할을 하고 있음을 강조하려 한다. 함께 모여 주의 만찬을 기념하는 것은 교회를 교회 되게 하는 데 필수적인 단계이다. 주의 만찬은 일단의 기독교인들이 한 몸이 되는 순간이라는 매우 중대한 의미가 있다. 주의 만찬은 여럿을 하나로 만든다.

내가 이 주제를 위해 한 장을 온전히 할애하는 데는 두 가지 이유가 있다. 첫째는 이것이 복음주의 기독교인들 사이에서 폭넓게 등한시되기 때문이다. 곧 살펴보겠지만, 나는 주의 만찬이 여럿을 하나로 만든다고 바울이 명백히 가르치고 있다고 생각한다. 그러나 이러한 바울의 생각을 사용하여 주의 만찬과 교회에 관한 관점을 정립하는 목사나 교회는 거의 없는 실정이다. 둘째는 주의 만찬이 어떻게 지역교회를 만드는가?라는 관점은 많은 실제적인 질문과 관련해 매우 중요한데, 이것은 다음 몇 장들에서 살펴볼 것이다. 주의 만찬을 기념하는 방법에 대해 현명한 판단을 하려면 성경의 안경을 단단히 착용해야 한다.

주의 만찬은 어떻게 여럿을 하나로 만드는가?

제3장과 제6장에서 이미 다루었던 바울이 고린도전서 10장 16~17절에서 언급한 내용을 다시 살펴보자. 첫째, "우리가 축복하는바 축복의 잔은 그리스도의 피에 참여함이 아니며, 우리가 떼는 떡은 그리스도의 몸에 참여함이 아니냐?" 이 구절에서 바울은 고린도교회 교인들에게 떡을 먹고 잔을 마시는 것은 그리스도와 교제를 즐기고, 그의 죽음을 통해 얻는 유익을 경험하기 위한 것임을 생각나게 한다.

바울은 그리스도와 신자들 간의 "종적인" 교제에서 17절에 "횡적인" 결론으로 이끌어간다. "떡이 하나요 많은 우리가 한 몸이니 이는 우리가 다 한 떡에 참여함이라." 이 구절에서 바울이 전하고자 하는 핵심적인 논지는 많은 신자는 한 몸이라는 것이다. 바울은 우리가 주의 만찬에 공동으로 참여하는 것을 언급함으로 그 주장에 대한 갑절의 근거 혹은 뒷받침을 제시한다. "떡이 하나요…우리가 다 한 떡에 참여함이라." 바울이 반복적으로 두 번이나 언급한 것은 떡이 단순히 교회의 일치를 나타내거나 그렇게 보이도록 만들기 위함이 아니다. 오히려 바울은 교회의 일치에 대한 기초를 주의 만찬을 기념하는 데 둔다. 하나의 떡이 있으므로 한 몸이 존재한다는 것이다.

바울은 주의 만찬이 실제로 여럿을 하나로 만든다고 말한다. 주의 만찬은 "많은 신자를" 모아서 하나의 몸으로 만든다. 다르게 말하면, 주의 만찬은 지역교회를 만드는 것이다. 물론 바울이 말하고자 하는 요점은 떡을 먹는 것에 관한 방식을 말하려는 것이 아니다. 마치 주의 만찬을 기념하기 위해 떡 한 덩어리 이상이 필요한 큰 교회는 더는 하나의 교회가 아니라 여러 교회라는 식으로 말하려는 것이 아니다. 도리어 바울은 교회 공동체가 모두 함께 주의 만찬을 기념하는 것을 "한 떡"이란 축약된 단어로 표현한다. 바울이 말하고자 하는 요점은, 주의 만찬에서 우리는 그리스도와의 교제를 함께 공유하므로, 그리스도 안에서 우리의 연합이 교회의 연합된 몸을 만들어낸다는 것이다.[2]

---

2 이 부분에 대해서는 Anthony C. Thiselton, *The First Epistle to the Corinthians: A Commentary on the Greek Text*, NIGTC (Grand Rapids, MI: Eerdmans, 2000), 767을 보라.

주의 만찬은 새 언약에 대한 맹세를 갱신하는 것임을 기억하라. 주의 만찬에서 우리는 그리스도에 대한 헌신과 서로 간의 헌신을 갱신한다. 그리고 바로 이 두 가지 헌신이 교회를 교회로 만든다.

하나님은 지역교회를 두 단계를 통해 만든다. 첫째 단계에서, 하나님은 그리스도인들을 만든다. 어떻게? 하나님은 그리스도를 선포하는 설교자를 보낸다(롬 10:14~17). 그리고 그리스도에 관한 선포를 들었던 일부 사람들이 그리스도를 영접하고 고백할 수 있도록 성령을 보낸다(고전 12:3). 하나님은 그의 말씀을 그들의 삶에 영향을 끼치는 말씀이 되게 하여, 그들이 그리스도 안에서 새로운 삶을 누리게 한다(약 1:18). 하나님은 그의 말씀과 성령을 보내어 그의 말씀을 유효하게 만들고 교회를 세운다. 하나님은 복음의 사람들 즉, 그리스도를 믿음으로 구원받은 사람들을 창조한다. 이것이 첫 번째 단계이다.

사람들이 그리스도께 나아오면, 그들은 그의 우주적 몸의 일부가 된다. 그들은 그와 더불어 영적으로 하나가 된다. 그러나 교회를 만들려면, 사람들은 그리스도에게뿐만 아니라 서로에게 나와야 한다. 그들은 다 함께 나와야 하며, 그러한 다 함께 나옴은 헌신을 요구한다. 지역교회는 두 명 혹은 그 이상의 그리스도인들이 같은 마을 혹은 같은 공간에 있다고 해서 저절로 생겨나는 것이 아니다. 달리 말해서, 식료품점에서 어떤 그리스도인을 만날 때 교회가 생겨난다고 한다면, 그들이 그 식료품점의 서로 다른 통로로 가게 되면 교회가 곧장 해산되는 꼴이 된다. 교회는 "기독교인" 여러 명이 모이는 것 그 이상이다. 그것은 각 부분을 합친 것 이상이다. 사람들을 서로 연합하게 하는 어떤 것이 필요하다.

따라서 교회를 만들기 위해서는, 복음의 사람들이 복음적 조직체를 만들어야 한다. 교회는 그리스도인들이 하나의 교회가 될 것을 약속할 때 태어난다. 이것이 두 번째 단계이다. 결혼의 예를 다시 한번 생각해보자. 결혼은 남자와 여자가 남편과 부인이 될 것을 약속할 때 시작된다. 그리고 맹세로 결혼은 이루어진다. 마찬가지로 교회는 예수님이 그리스도인들에게 명령한 것들 즉, 예배를 위해 모이고, 사랑으로 서로를 세워주며, 서로의 짐을 지워주고, 함께 침례와 주의 만찬을 기념할 것을 모두 실행한다는 약속을 하는 일단의 그리스도인들로 인해 생겨난다.

그런데 이것은 여전히 하나님의 일이기도 하다. 우리가 서로에게 헌신하려는 올바른 반응을 포함하여, 복음에 올바르게 반응하는 것은 모두 하나님이 능동적으로 행하는 구원 사역이기 때문이다. 하나님의 일과 우리의 사역은 서로 경쟁하는 관계가 아니다. 우리가 그리스도인으로서 함께 모일 수 있는 것은 하나님이 먼저 우리를 그리스도인으로 만드셨기 때문이다. 하나님은 그리스도인들을 만들고, 그들이 서로에게 헌신하게 만드는 방식을 통해 교회를 창조하신다.

그러면 일단의 그리스도인들은 이러한 헌신을 어떻게 정확하게 행할 수 있을까? 침례와 주의 만찬이 결정적인 역할을 한다. 침례식은 그리스도와 그의 백성을 향한 헌신을 공개적으로 밝히는 것이다. 침례는 믿음이 공식화되는 자리이다. 그것은 새로운 신자가 세상에 자신을 드러내며, 교회의 레이더에 신자로 포착되는 것과 같다. 다른 말로 하면, 침례는 신자를 세상으로부터 구별되게 하는 것이다. 침례식 때 교회는 세상을 향해, "이 사람은 예수님에게 속해 있습니다!"라고 선언하는 것이다.

주의 만찬에서 우리는 그리스도와 그의 백성을 위한 헌신을 갱신한다. 그러나 침례와 달리, 주의 만찬은 우리가 함께 모여서 하는 행위이다. 주의 만찬은 하나의 그리스도인 단체를 한 몸으로 구별시키며, 그들과 그들 주변의 세상과 선을 그어주는 것이다. 교회와 세상 사이에 선을 그음으로써, 침례와 주의 만찬은 교회 주위에 동그란 선을 긋게 된다. 이 의식들은 그 단체를 여러 명의 "그리스도인들"이 아닌, 하나의 "교회"로 인식할 수 있게 만든다.

어떤 한 그리스도인이 새로운 도시로 가서, 복음을 전파하자 몇 명의 사람들이 비슷한 시기에 그리스도 앞에 나아온 장면을 상상해보자. 이 새로운 그리스도인들은 서로에게 침례를 베풀었다. 이 침례 받은 일단의 그리스도인들은 언제 그리고 어떻게 교회가 되는가? 나는 가장 근본적이고 본질적인 답변을 제시하고 싶다. 그것은 그들이 주의 만찬을 함께 행할 때이다. 주의 만찬을 기념하는 것은 그리스도와 서로를 향한 헌신을 표현하는 행위임을 기억하라. 주의 만찬에서 그리스도의 유익을 받는 것은 그리스도의 사람들을 형제와 자매로 받아들이는 것이다. 주의 만찬에서 서로를 향한 헌신을 약속하며, 그것은 "몇 명의 그리스도인"에서 "지역교회"로 선을 넘어가게 한다. 우리는 주의 만찬 자리에서 하나의 몸이 된다. 바울이 "떡이 하나요 많은 우리가 한 몸이니 이는 우리가 다 한 떡에 참여함이라"(고전 10:17)라고 말한 것과 같다.

신중히 처리하는 차원에서, 나는 교회들이 교인들 간의 구두 서약을 통해 교회로 처음 세워질 때, 어떤 일을 할 것인지를 명확하게 밝히는 것이 현명하다고 생각한다. 회중 교회와 침례교회 전통에서는 이것을 흔히 "교회 언약"이라 부르며, 때때로 주의 만찬을 기념할 때마다 전 교회가 그 언약을 암송하기도 한다. 나는 이것을 아주 좋은 행습으로 본다. 그러나 구두 약속이 주의 만찬에 공동으로 참여하는 것과 관련 없이 교회를 창조한다는 뜻은 아니다. 오히려 교회 언약에 대한 명확한 구두 약속은 주의 만찬에 함축된 것을 명시적으로 드러나게 만든다. 언어로 암송하는 교회 언약은 우리가 떡과 포도주에 참여할 때마다 우리의 행위를 정확하게 기억하게 하여 우리의 이해를 돕는다.

다시 말하지만, 나는 교회의 시작은 어느 정도 결혼의 시작과 비슷하다고 생각한다. 모든 비유가 다 그렇듯 완벽하지 않지만, 말하고자 하는 바를 어느 정도 전달한다. 결혼은 남녀가 서약하고, 목사 혹은 다른 법적 관계자가 그들이 결혼했음을 선언함으로 시작된다. 그렇지만 그 두 사람이 결혼을 완성해야 한다. "맹세합니다"라고 서약함으로 새로운 관계가 시작되나, 이 새로운 관계는 남편과 부인이 그들의 결합을 육체적으로 확고히 할 때까지는 확정된 것이 아니다.

비슷하게 신자들의 모임 역시 주의 만찬을 통해 서로 간의 연합을 확정하기 전까지는 지역교회로 볼 수 없다. 만일 자신들을 교회로 생각하는 일단의 신자들이 한 번도 주의 만찬을 함께 기념한 적이 없다면, 그것은 그들이 예수님께 불순종한 것뿐만 아니라, 진정한 의미에서 아직 교회가 아니다. 주의 만찬은 그리스도인들이 교회가 되겠다는 약속을 완성한다.

주의 만찬은 어떻게 지역교회를 만드는가? 침례와 더불어, 주의 만찬은 복음의 사람들이 복음적인 조직체를 형성케 함으로 지역교회를 만든다. 주의 만찬은 그리스도인들이 모여 서로 헌신하며, "여럿"에서 "하나"가 되는 선을 넘게 만든다. 주의 만찬에서, 그리스도와의 교제가 서로 간의 교제를 일으킨다. 주의 만찬은 여럿을 하나로 만든다.

아주 멋진 단순성

교회를 향한 하나님의 설계에는 아주 멋진 단순성에 있다. 교회를 만들기 위해 어떤 것이 필요한가? 복음의 설교로 복음의 사람들을 만들어내고, 그들이 복음적 의식들에 참여하는 것이 필요하다. 교회는 복음과 복음의 의식들에 의해 형태를 보이게 되며 하나님의 백성을 형성한다. 침례는 하나를 여럿과 결합하고 주의 만찬은 여럿을 하나로 결합하게 한다.

침례와 주의 만찬은 교회의 형태와 구조에 복음을 새긴다. 여럿을 하나가 되게 만드는 것은 바로 복음의 표지들이다. 그리스도인들이 모여 함께 교회를 형성할 때, 복음의 경계를 넘지 말고 오히려 복음에 더 깊이 파고 들어가는 방식으로 교회를 세워야 한다.

제3부:
만찬 계획

8장. 어떤 모임이 주의 만찬을 기념하는 모임인가?
9장. 누가 주의 만찬에 참여할 수 있나?
10장. 누가 주의 만찬을 인도해야 하나?
11장. 교회들은 어떻게 주의 만찬을 기념해야 할까?
12장. 각 개인은 어떻게 주의 만찬에 나아가야 하나?

8장
어떤 모임이 주의 만찬을 기념하는 모임인가?

우리는 주의 만찬이 무엇이며 어떻게 행하는지를 살펴보았다. 이제 자연스럽게 "누가 주의 만찬을 기념해야 하는가?"라는 질문이 따라온다. 이 한 가지 질문 안에는 세 개의 다른 질문이 포함된다. 각각은 모두 중요한 질문이므로, 질문마다 한 장을 할애할 것이다. 이어지는 두 장에서 다음의 질문을 다룰 것이다. "누가 주의 만찬에 참여할 수 있나?" 그리고 "누가 주의 만찬을 인도해야 하나?"이다.

그러나 생각해야 할 첫 번째 질문은 "어떤 모임이 주의 만찬을 기념하는 모임인가?"이다. 각 개인이 혼자 그것을 기념해도 되는가? 가족 단위는 가능할까? 캠퍼스 사역들이나 교회의 소그룹에서도 가능할까? 나는 본 장에서 교회로 모인, 지역교회만이 주의 만찬을 기념할 수 있는 권한을 부여받았다고 주장할 것이다. 주의 만찬은 교회의 일치를 가져온다. 그것은 여럿을 하나로 결합한다. 주의 만찬은 교회에 속하는 것이기 때문에, 교회로서 그리고 교회만이 그것을 기념할 수 있다.

이 주장을 전개하기 전에, 주의 만찬을 다른 상황에서 기념하는 많은 그리스도인은 그리스도를 기리고 그의 말씀에 순종하려는 것 외에 다른 의도가 없을 것으로 생각한다. 어떤 사람들은 교회의 본질에 대한 신학적 신념에 따라 주의 만찬을 다르게 기념할 수 있다고 생각한다. 다른 사람들은 성경이 얼마나 주의 만찬을 지역교회와 단단히 연결하는지를 생각해보지 못했을 수 있다. 이러한 경우를 염두에 두고, 성경으로 돌아가 보자.

신약성경에서 주의 만찬을 기념하는 것에 관해 자세히 기록된 곳은 오직 고린도전서 10장과 11장에서만 찾을 수 있으므로, 그동안 이 두 장에 많은 시간을 할애했다. 그렇지만 바울이 고린도교회가 주의 만찬을 기념한 상황에 대해 어떻게 서술하고 있는지 다시 한번 살펴보자.

- "너희의 모임이 유익이 못되고 도리어 해로움이라"(11:17)
- "너희가 교회에 모일 때에 너희 중에 분쟁이 있다 함을 듣고"(11:18)
- "그런즉 너희가 함께 모여서 주의 만찬을 먹을 수 없으니"(11:20)
- "그런즉 내 형제들아 먹으러 모일 때에 서로 기다리라…이는 너희의 모임이 판단 받는 모임이 되지 않게 하려 함이라"(11:33~34)

바울은 이 편지의 수신자를 "고린도에 있는 하나님의 교회 곧 그리스도 예수 안에서 거룩해지고 성도라 부르심을 받은 자들"이라고 했다(고전 1:2). 즉 그는 교회 일부나 혹은 교회의 한 소그룹에게 편지를 쓰는 것이 아니라, 고린도교회 전체에게 편지를 쓰고 있다. 그리고 바울은 11장에서 다섯 번이나 고린도 교인들이 하나 되어 같은 시각에, 같은 장소에서 모두 모였음을 기록하고 있다. 18절에서 바울은 분명하게 그들이 "교회로서 함께 모였음"을 말한다. 온 교회가 예배를 위해 모일 때, 그 교회는 특별한 방식으로 현존하는 것이다.

농구 경기가 있는 밤에 일단의 사람들이 "팀으로 모일" 수 있다. 모든 사람은 한 주간 내내 그 팀에 소속하게 된다. 그들이 한 팀이라는 것은 일정표, 훈련 등 여러 실제적인 방법으로 알 수 있다. 그러나 모두가 모여서 경기를 치를 때는 하나의 팀으로서의 존재감에 대한 특별한 인식이 생긴다. 그들은 그들을 팀으로 만들어주는 아주 특별한 일을 행하기 위해 모인 것이다. 그리고 그것은 그들이 팀으로서 모두 함께해야만 수행할 수 있는 일이다.

그래서 바울은 교회가 교회로서 함께 모이는 때가 있으며, 그 모임에서 교회가 주의 만찬을 기념하는 것으로 생각했다. 이것은 고린도전서 10장 17절 "떡이 하나요 많은 우리가 한 몸이니 이는 우리가 다 한 떡에 참여함이라"라는 구절과 완벽히 들어맞는다. 바로 앞 장에서 보았듯이, 바울은 이 구절을 통해 주의 만찬은 교회를 교회 되게 만드는 역할을 한다고 가르친다. 주의 만찬은 교회의 일치를 완성하는데, 그것은 부부가 육체적 결합으로 그들의 결혼을 완성하는 것과 다를 바가 없다. 주의 만찬은 교회의 일치를 규정하기 때문에, 그것은 교회만이 교회로서 기념할 수 있는 것이다.

이것은 오직 지역교회만이 주의 만찬을 기념할 수 있고, 교회 전체가 다 모인 자리에서 기념해야 한다는 뜻이다. 주의 만찬은 교회 외의 집단들 즉, 가정, 캠퍼스 사역, 수련회 모임, 대학 수업 같은 데서 기념하면 안 된다. 그리고 전체 교회가 아닌 교회의 일부 그룹 즉, 청소년부, 선교 모임, 결혼식에서의 신랑과 신부 등에 의해 기념되어서도 안 된다. 심지어 군목도 그가 목회하고 있는 군인들이 교회를 이룬 상태가 아니라면, 주의 만찬을 기념해서는 안 된다. 주의 만찬은 칭찬받아 마땅할 동정심에서 나온 행동이라 할지라도, 집에 있어야만 하는 사람을 위해서, 혹은 병원에 입원해 있는 사람을 위해 "가져가서" 행하는 것도 안 된다.

또한, 어떤 특정 집단이 교회의 일부라면, 소그룹이든 선교 모임이든 혹은 어떻게 불리든 간에, 그런 모임이 주의 만찬을 기념해서도 안 된다. 주의 만찬은 몸을 하나로-전체 몸으로 만든다. 따라서 여러 그룹이 서로 각각 주의 만찬을 기념하면, 여러 교회가 존재하는 것과 같은 것이 된다. 그렇게 된다면 각 교회는 그들의 지도자가 있어야 하며, 회원자격, 권징 등의 사안들에 대해서 독자적인 권한을 가져야 한다.

주의 만찬은 온 가족이 함께 앉아 같이 하는 식사이다. 주의 만찬을 교회 전체가 기념하는 식사가 아닌 다른 것으로 바꾸면, 주의 만찬이 아닌 다른 어떤 것으로 바꾸는 것이 된다.

오직 교회가 전체로 모일 때만 주의 만찬을 기념하는 것은 결코 주의 만찬을 경시하는 것이 아니다. 반대로 그것은 전체 몸이 함께 모여 있는 시간에 예수님이 우리에게 주신 받침대 위에 주의 만찬을 올려놓는 행위이다. 교회의 식사로 주의 만찬을 지킬 때, 교회의 일치를 확고하게 만들어주는 주의 만찬의 성서적 기능을 보존할 수 있다. 주의 만찬은 우리가 다 함께 행하므로 교회라는 우리의 정체성을 규정하고 교회로서의 연합을 정확하게 표현해준다.

교회로서 주의 만찬을 기념함으로써, 우리는 주님의 몸에서는 전체가 각 부분의 총합보다 더 크다는 사실을 기억하게 된다. 우리가 그리스도에게 속하는 것은 서로에게-한 몸을 이루는 다른 모든 회원에게 속하게 되는 것임도 기억한다. 우리는 모두 한 떡을 나누고 한 잔을 마시기 때문에, 비록 그리스도 안에서 여럿일지라도 하나가 됨을 기억한다.

9장
누가 주의 만찬에 참여할 수 있나?

우리가 다음으로 질문해야 할 것은 "누가 주의 만찬에 참여할 수 있나?"이다. 그리스도인이든 혹은 비그리스도인이든, 침례를 받은 사람이든 혹은 받지 않은 사람이든 상관없이 모두 다 만찬에 참여할 수 있는가? 본 장에서 나는 교회에 소속된 침례 받은 신자만이 주의 만찬에 참여할 수 있다고 주장할 것이다.

이것은 중요하고 논쟁적인 주제이다. 많은 그리스도인은 내가 여기서 주장하는 것과 다른 의견과 확신을 강력히 고수한다. 이 주제에 대해 성경은 단 한 구절도 직접적이거나 자세히 다루지 않는다. 따라서 이 질문에 대한 성서적인 해답에 도달하기 위해서는, 주의 만찬, 침례, 지역교회 등에 관한 성경의 가르침의 의미들을 찾아내고 종합해야 할 것이다.

주의 만찬은 신자들을 위한 것이다

첫째, 주의 만찬은 신자들을 위한 것이다. 그것은 예수님이 자신들을 죄에서 구원하셨다고 믿는 자들을 위한 것이다. 이 부분은 큰 논쟁의 여지가 없다. 몇몇 그리스도인들은 주의 만찬은 참여를 원하는 모든 사람에게 제공되어야 하는데, 그렇게 하면 사람들이 그리스도를 믿게 하는 데 도움을 줄 것이라고 주장한다. 그러나 제6장에서 살펴보았듯이, 주의 만찬에 참여하는 것은 그리스도에 대한 신앙고백, 그리고 그리스도와 그의 백성을 향한 헌신을 새롭게 갱신하는 의미가 있다. 주의 만찬의 행위는 "나를 위하여 몸을 주시고 피를 흘리신 예수님을 믿습니다"라고 선포하는 것과 같으므로, 오직 신자들만이 참여할 수 있다.

나아가, 주의 만찬에 잘못 참여하면 심판받을 위험이 있으므로, 오직 신자들만이 참여해야 한다. 바울은 그리스도를 믿는 것과 그리스도의 백성을 사랑하는 것 사이의 관련성에 관해 알지 못하고 먹는 사람들에 대해, "주의 몸과 피에 대하여 죄를 짓는 것"이라 말한다(고전 11:27). 실제로 비기독교인은 이 관련성을 알지 못하거나 혹은 이것을 고려하지 않고 살아간다. 비기독교인은 그리스도를 믿지 않으며 그리스도의 백성을 사랑하지도 않는다.

그래서 교회가 해야 할 중요한 사랑의 행위는 비기독교인들에게 이러한 교회 가족의 식사에 그들이 참석할 수 없음을 가르치는 일이다. 주의 만찬은 비기독교인들이 그리스도에 관해 관심을 끌게 하는 자극제로 사용되어야 한다. 그것은 또한 비기독교인들이 그리스도를 믿기 전까지는 그리스도와 그의 교회에 소속되지 못한다는 것을 기억하게 하는 용도로 사용되어야 한다. 그들이 그리스도를 믿기 전에는 주의 만찬이 주는 축복들 즉, 용서, 화해, 확신, 소망 등을 소유하지 못한다.

교회에 출석하는 비그리스도인들은 환영받는 감정과 더불어 배제되는 감정도 느껴야 한다. 그들의 예배와 다른 공적 활동에 대한 참여는 환영받아야 한다. 교인들은 그들을 환영하고, 친구가 되어주고, 사랑하고, 섬겨야 한다. 만일 그들이 그리스도인들을 냉담하고 독선적인 사람들로 생각했다면, 당신의 교회가 제공하는 따뜻한 환영이 그러한 인식들을 사라지게 할 것이다.

그러나 동시에, 당신의 교회에 다니는 비그리스도인들은 자신들이 배제되고 있다는 느낌이 들게 해야 한다. 당신이 소유하고 있는 그리스도 및 교인들과의 친밀함과 일치감을 그들도 갈망하게 만들어야 한다. 그렇게 하면 그들이 회개하고 그리스도를 믿지 않는 한, 그와 같은 친밀한 일치감을 경험할 수 없게 된다는 것을 점점 더 인식하게 될 것이다. 주의 만찬이 오직 신자에게만 해당한다는 것은 복음을 명확하게 하고, 비그리스도인들에게 그리스도가 필요함을 상기시켜준다. 만찬의 접시가 그들을 지나쳐 가는 것은 그들이 예수님을 지나치기 때문이다. 지나쳐 가버리는 접시는 또한 "그리스도에게로 오시오! 죄에서 돌아서고 그를 믿으세요!"라는 초대장의 역할을 해야 한다.

주의 만찬은 침례 받은 신자들을 위한 것이다

둘째, 주의 만찬은 침례 받은 신자들을 위한 것이다.[3] 침례는 믿음을 공개적으로 드러내는 일이다(행 2:38~41). 그리스도와 그의 백성에

---

3 이 부분에서 논의된 모든 주제에 대해 더 알고 싶으면 나의 저서, *Going Public: Why Baptism Is Required for Church Membership* (Nashville, TN: B&H, 2016)과, *Understanding Baptism* (Nashville, TN: B&H,2016)을 보라.

대한 헌신을 공개적으로 밝히는 방식이다. 그것은 교회가 신자의 신앙고백을 확증해주고, 그 혹은 그녀가 그리스도와 연합되었음을 인정해주는 것이다. 이것이 성부와 성자와 성령의 "이름으로" 침례를 행한다는 의미이다(마 28:19).

침례는 교회에서 신자를 드러내는 방식이며, 그리스도인으로서 세상의 레이더에 포착되게 하는 방식이다. 그것은 그리스도에 대한 신앙을 공개적으로 공언하는 방식이다. 그리고 주의 만찬은 이제까지 보았듯이, 그리스도에 대한 신앙고백을 정기적으로 새롭게 갱신하는 방식이다. 즉 그리스도와 그의 백성에 대한 헌신을 반복적으로 재확인하는 방식인 것이다. 중요한 것은 먼저 신앙고백을 해야만, 그 신앙고백을 새롭게 갱신할 수 있다는 점이다. 주의 만찬은 친구와 함께 먹는 사적인 식사가 아니라, 그리스도와 교인들 간의 교제를 위한 교회의 공적인 기념이다. 이것이 침례 받은 사람만이, 그리스도인임을 공개적으로 드러낸 사람만이 기념할 수 있는 이유이다.

침례는 새 언약에 대한 맹세-표지(sign)의 시작이고, 주의 만찬은 이 맹세-표지를 새롭게 갱신하는 것임을 기억하라. 두 행위는 모두 헌신이 필요하다. 먼저 헌신을 해야만, 그 헌신을 새롭게 갱신할 수 있기 때문이다.

그렇다면 유아기에 "침례(세례)" 받은 신자들에 대해서는 어떻게 해야 하는가? 교회는 그들이 주의 만찬에 참여하는 것을 허용해야 하는가? 아기들에게 세례를 주는 교회들은 분명히 그렇게 할 것이다! 그러나 예수님을 믿는 사람만 침례 받을 수 있다는 성인 침례를 가르치고 실천하는 교회들은 침례 받은 신자들만 주의 만찬에 참여하는 것을 허락해야 한다고 주장하고 싶다. 그리고 나는 침례가 무엇이며 어떻게 행하는지에 관한 모든 성경의 내용을 고려하면, 오직 신자만이 침례를 받을 수 있음을 확신한다.

나는 사실 유아세례는 침례가 아니라고 단언한다. 우리가 살펴보았듯이 침례는 신자를 물속에 잠기게 함으로써 신자와 그리스도와의 연합을 확증하고 드러내는 교회의 행위이며, 또한 그리스도와 그의 백성을 향해 공개적으로 헌신하는 신자의 행위이기도 하다. 믿음의 고백이 없으면 침례도 없다. 이것은 마치 접질린 발목도 여전히 발목인 것처럼, 유아세례가 다소 잘못된 침례라는 의미가 아니다. 반대로 유아세례는 전혀 침례가 아니다. 유아세례를 받은 사람들은 사실상 침례 받은 것이 아니므로 다시 침례를 받아야 한다.

따라서 교회들은 침례 받은 신자들 즉, 신자로서 침례 받은 사람들만 주의 만찬에 참여할 수 있도록 해야 한다. 신앙고백이 그 고백을 새롭게 갱신하는 것보다 선행되어야 한다. 그리스도와 그의 백성을 향해 헌신하는 것이 그 헌신을 재확인하는 것보다, 먼저 이루어져야 한다. 마찬가지로 교회의 공적 교제의 식사에 참여하기 전에 신자로서 공동체 앞에 나아가는 것이 선행되어야 한다.

주의 만찬은 교회에 속한 침례 받은 신자들을 위한 것이다

셋째, 주의 만찬은 교회에 속한 침례 받은 신자들을 위한 것이다. 신약성경에서 그리스도에게 나아가는 것은 교회 안으로 들어가는 것과 같은 것이다. 오순절 때, 믿고 침례 받은 사람들은 바로 그날에 교회의 일원이 되었다(행 2:38~41). 복음이 전파되고 사람들이 그리스도께 나오는 곳마다 교회들이 생겨났다(행 14:23; 15:41; 16:5; 18:22). 그리스도인이 된다는 것은 그리스도의 몸 일부가 되는 것이고, 그의 가족 안에서 형제와 자매가 되는 것이며, 그의 거룩한 성전에서 살아있는 돌이 되는 것이다(고전 12:12~26; 마 12:46~50; 엡 2:21~22; 벧전 2:4~5). 신약성경에 따르면, 교회 없는 기독교인들은 존재할 수 없다. 모든 그리스도인은 교회에 속해야 한다.

이와 관련된 간략한 묘사를 고린도전서 5장에서 찾아볼 수 있다. 바울은 고린도 교인들에게 자신들을 기독교인이라 말하면서 이교도들처럼 살아가는 사람들과는 교제하지 말 것을 권고한다. 바울이 말하고자 하는 바는 비기독교인들과는 아예 어울리지 말라는 뜻이 아니다. 그렇지 않으면 "너희가 세상 밖으로 나가야 할 것이기" 때문이라고 했다(10절). 대신에,

"이제 내가 너희에게 쓴 것은 만일 어떤 형제라 일컫는 자가 음행하거나 탐욕을 부리거나 우상숭배를 하거나 모욕하거나 술 취하거나 속여 빼앗거든 사귀지도 말고 그런 자와는 함께 먹지도 말라 함이라 밖에 있는 사람들을 판단하는 것이야 내게 무슨 상관이 있으리요마는 교회 안에 있는 사람들이야 너희가 판단하지 아니하랴 밖에 있는 사람들은 하나님이 심판하시려니와 이 악한 사람은 너희 중에서 내쫓으라"(11~13절)

라고 주장했다.

그리스도인들은 그리스도를 주장하면서도 죄를 회개하지 않고 그 주장과 반대되는 행동을 하는 사람들과 교제하면 안 된다. 이러한 판단은 밖에 있는 사람들 즉 비그리스도인들에게 적용하지 말고, "어떤 형제라 일컫는 자"와 "교회 안에 있는" 사람에게 적용해야 한다(11~12절). 바울은 어떤 사람이 고린도교회 안에나, 혹은 밖에 있을 수 있다고 가정한다. 안에 있는 사람들은 그리스도에 대한 믿음을 고백한 사람들이고, 밖에 있는 사람들은 그렇지 않은 사람들이다. 비록 슬프지만 때때로 어쩔 수 없는 상황에서, 교회는 그리스도에 대한 신앙을 주장하면서 그런 주장과는 정반대의 삶을 사는 사람들을 내쫓아야 할 때가 있다.

따라서 지역교회들은 안쪽과 바깥쪽을 명확하게 구분해야 하는데, 그리스도에 대해 신앙을 고백하는 사람들은 모두 안쪽에 포함해야 한다. 안쪽이야말로 신자가 소속된 곳이다. 그리스도를 믿는다고 주장하면서도 교회에 속하려 하지 않는 사람은 기독교 신앙생활을 근본적으로 왜곡하는 것이다. 그들은 그리스도인으로서의 근본적인 정체성에 모순되게 행동한다. 그들은 성경이 말하는 "서로서로"를 완성하는 길로 나아가는 첫 번째 걸음들 즉, 소속하고, 순종하며, 매주 교회에 나오는 것에 실패하고 있다. 지역교회에 속하지 않은 그리스도인은 벽에서 튀어나온 벽돌, 몸에서 스스로 잘려나간 손, 스스로 고아로 자처하는 것과 같다.

그리고 지금까지 살펴보았듯이, 주의 만찬은 교회를 위한 식사이다. 그것은 많은 교회회원을 하나의 몸으로 만든다. 만일 신앙을 고백하는 어떤 그리스도인이 교회에 소속하지 않는다면, 그는 이러한 실존적 상황에서 이탈된 삶을 사는 것이다. 몸의 교제를 기념하려면 그전에 먼저 몸 안으로 들어와야만 한다. 가족 식탁에 앉기 위해서는 먼저 가족이 되어야 한다. 주의 만찬에서 헌신을 새롭게 갱신하려면 먼저 교회에 헌신해야 한다.

교회가 드러나는 장소

제7장에서 주의 만찬은 여럿을 하나로 만든다는 내용을 살펴보았다(고전 10:17). 주의 만찬은 지역교회를 구별하고 통합된 몸으로 만든다. 다르게 말하면, 주의 만찬이야말로 교회가 드러나는 장소이다. 좀 더 전문적으로 말하면, 주의 만찬은 교회가 교회로서 존재하는 것과 개인의 교회 회원권을 효과적으로 보여주는 표지이다.

그러므로 주의 만찬은 교회에 포함됨과 배제됨이 발생하는 장소가 된다. 교회의 회원으로 받아들여지는 것은 주의 만찬에 정기적으로 참여하는 것에 받아들여지는 것과 같다. 간단히 말해 교회의 회원자격은 식탁에 정기적으로 참여할 자격을 부여받는 것이다. 교회회원들은 교회로부터 정기적으로 주의 만찬에 참여를 허락받은 사람들이며, 또한 실제로 그렇게 하는 사람들이다.

이와 반대로 주의 만찬에서 교회로부터 배제되는 일도 발생한다. 교회회원에게 요구되는 것은 완벽이 아닌, 진실하고 지속적인 회개이다. 그리스도인들은 죄를 버리고 그리스도를 믿는 사람들이며, 지속적으로 죄를 버리고 그리스도를 믿는 사람들이다. 그리스도인이 죄를 회개하는 것을 그만두면 어떤 일이 일어날까? 예수님은 회개해야 할 사람에게 처음에는 개인적으로 권면하고 이후부터는 점차 공개적으로 권면하라고 가르쳤다. 그 사람이 끝까지 회개하기를 거부하면, 교회는 마지막으로 그 사람을 출교하고 이방인 취급을 하라고 했다(마 18:15~17). 처음부터 마지막 단계까지 일관된 목표는 그 사람이 회개하여 회복되게 만드는 것이다(고후 2:6~8).

교회가 어떤 사람을 교제에서 배제한다는 것은 무엇을 의미하는가? 첫째이며 가장 중요한 의미는 그 사람을 이제는 주의 만찬에 받아들이지 않는다는 뜻이다. 그는 이제는 이 가족의 식탁에 참여할 수 없다. 따라서 교회는 그 사람이 회개하기 전까지는 그를 형제 혹은 자매로 대우하지 않는다.

주의 만찬은 교회를 드러나게 만든다. 즉 그리스도와 서로 간의 교제를 나누는 그 사람들이 바로 교회라는 것이다. 정기적으로 주의 만찬에 참여를 허락받은 것은 교회에 소속됨을 인정받았다는 의미이고, 주의 만찬에 배제되는 것은 교회에서 배제되었다는 뜻이다. 즉, 주의 만찬이야말로 교회가 드러나는 장소인 것이다.

본 교회 교인들만 참여할 수 있는가?

그러면 본 교회 교인들만 주의 만찬에 참여할 수 있다는 의미인가? 침례 받은 신자라 하더라도 다른 교회에 소속된 신자들은 배제되어야 하는가? 내가 존경하는 몇몇 그리스도인들은 그런 입장을 견지하지만, 나는 그런 생각에 반대한다. 두 가지 이유가 있다.

첫째, 사도행전 20장에 보면, 바울과 누가와 다른 몇 제자들이 드로아로 가서 그곳의 교회와 만난 내용이 나온다. 7절은 "그 주간의 첫날에 우리가 떡을 떼려 하여 모였더니"라고 쓰여 있다. 나는 절대적으로 확신하는 것은 아니지만, 이 구절은 교회가 주의 만찬을 기념하기 위해 모였음을 말하는 것으로 생각한다. 그리고 누가는 "우리"라고 말하며 자신을 포함하여 드로아에 함께 온 동행인들은 이 목적을 위해 모였다고 했다. 다른 말로 하면, 이것은 "방문 성찬식"에 대한 성경의 예시인 것처럼 보인다. 이것은 어떤 특정 지역교회의 회원이 아닌 사람들도 그 교회가 진행하는 주의 만찬에 참여한 예로 보인다. 그들은 그 도시에 살고 있지 않았기 때문이다.

둘째, 이 성경의 예시가 결정적인 증거라고 하지 않더라도, 나는 교회가 주의 만찬에 참여할 수 있는 전제조건으로 어떤 장소에 장기적으로 거주해야 함을 주장해서는 안 된다고 생각한다. 여덟 명의 회원밖에 없는 가정교회가 있다고 가정해보자. 그 회원 중 한 명이 다른 도시에서 방문한 그리스도인 친구를 교회 모임에 데려왔다면, 교회는 그 사람이 누구이며, 그가 어떻게 그리스도인이 되었는지, 침례를 받았는지 등에 관해 쉽게 알 수 있다. 따라서 나는 그 교회가 그 사람을 주의 만찬에서 배제해야 할 이유가 전혀 없다고 생각한다.

만일 다른 도시에 사는 친구가 그 마을로 이사를 했다면, 이사 간 바로 첫 번째 주간에는 그 교회의 회원이 될 수 없다고 하는 원칙은 존재할 수 없다. 만일 그가 첫 번째 주일날에 그 교회의 회원에 포함될 수 있다면, 나는 그가 한 번만 주일예배에 참석할 수밖에 없는 경우라 하더라도 그 교회에서 하는 주의 만찬에서 배제되어야 할 이유를 찾지 못하겠다. 원칙적으로 보면, 교회에 참여할 자격을 갖춘 모든 사람은 주의 만찬에 참여할 자격도 보유하고 있다.

"교회회원"은 교회와 그리스도인 사이의 관계를 나타내는 단어이다. 그것은 주의 만찬에 정기적인 참여를 의미하며, 어떤 면에서는 그것을 창조하기도 한다. 일주일 동안만 교회를 방문하는 사람은 그 교회의 회원이 될 수 없다. 왜냐하면, 그 지역교회에서 예수님 제자의 삶을 살아가지 않을 것이기 때문이다. 그러나 만약 그들이 그곳에 좀 더 오래 머물게 되어 교회의 회원으로 받아들여지면, 혹은 그들이 이미 다른 곳에서 교회의 회원이었다면, 나는 그들은 방문자로서 주의 만찬에 동참할 수 있도록 허용되어야 한다고 주장한다.

모든 것을 종합해보면,

모든 것을 종합해보면, 나는 교회들이 예수님 안에서 침례 받은 신자들 즉 교회에 소속된 사람들을 주의 만찬에 초청해야 하며, 교회의 회원으로 환영해야 한다고 생각한다. 교회의 회원은 당연히 식탁에 초대받아야 한다. 덧붙여서 나는 복음적 교회에 소속된 다른 침례 받은 신자들도 식탁으로 초대해야 한다고 생각한다.

교회는 어떻게 참여에 필요한 조건들을 알릴 수 있을까? 그것은 교회의 규모와 환경에 따라 다양할 것이다. 그러나 교회의 권위는 강제적이 아니라 선언적이라는 점을 분명히 인식해야 한다. 주의 만찬을 인도하는 사람은 누가 주의 만찬에 참여할 수 있는지 말로써 분명하게 설명해야 하며, 각 사람은 교회의 선언을 존중해야 한다. 만일 참여하지 말아야 할 사람이 참여하고 있다면, 강제적이고 통제적인 물리적 행동이 아니라 조용히 말로 부탁하면 된다.

교회는 분명히 누가 주의 만찬에 참여할 수 있는지를 명확히 구분하기 위해 공개적으로 말할 필요가 있다. 그런데 공개적인 언급은 당연하게 받아들이는 곳과 혼동과 오해의 소지가 있는 곳에 따라 다르게 표현될 수 있다. 도시화한 서구 사회의 환경에서 인도자는 다음처럼 말하는 것이 좋을 것이다. "당신이 이 교회의 회원이거나, 혹은 다른 교회의 회원이라도, 예수님 안에서 신자로서 침례 받았다면 주의 만찬에 참여하는 것을 환영합니다."

주의 만찬은 교회에 소속된 침례 받은 신자들을 위한 것이다. 그것은 그리스도에 대한 헌신을 갱신하는 것이므로 이미 그리스도께 헌신한 사람에게만 해당한다. 주의 만찬은 교회를 가시적으로 보여주는 것이므로, 침례를 통해 그리스도인으로서의 정체성을 가시적으로 보여준 사람들에게만 해당하는 것이다. 그것은 교회의 식사이므로 교회에 소속된 사람들에게만 해당한다.

10장
누가 주의 만찬을 인도해야 하나?

앞의 두 장에서 나는 "누가 주의 만찬을 기념할 수 있는가?"라는 질문을 던졌다. 그리고 두 장에서 이 질문에 대해 두 가지 서로 다른 요소를 분석해보았다. 즉 어떤 모임이 주의 만찬을 기념하는 모임인가? 그리고 누가 주의 만찬에 참여할 수 있나?에 관한 것이다. 이제 우리는 본 시리즈의 마지막 질문에 이르렀다. 누가 주의 만찬을 인도해야 하나?

나의 기본적인 대답은, 교회에 담임목사 혹은 목사들이 있다면, 그들 중 한 사람이 주의 만찬을 인도해야 한다는 것이다. 교회에 목사가 없다면, 교인들이 모여서 그들 가운데 가장 자격을 갖춘 사람을 선정해야 한다. 예를 들면 정규적으로 성경을 가르치는 사람이 적절할 것이다.

왜 목사가 주의 만찬을 인도해야 하는가? 두 가지 이유가 있다. 첫째, 주의 만찬은 교회의 행위이고, 목사들은 교회를 이끄는 일을 위해 임명된 사람들이기 때문이다. 교회 전체는 말씀을 듣고 따를 책임이 있으며, 목사들은 말씀을 설교하고 가르칠 특별한 의무가 있다(딤전 3:2; 딛 1:9). 비슷한 이유로, 비록 전체 교회가 주의 만찬을 올바르게 기념해야 할 책임이 있지만, 전반적인 리더의 역할을 맡은 목사가 주의 만찬을 인도하는 것이 적합하다.

둘째, 주의 만찬은 "가시적인" 말씀이다. 그것은 복음을 극적으로 표현하는 것이다. 즉 우리의 눈과 손과 입을 통해 복음의 사건들을 보고 느끼고 맛보게 해준다. 그리고 우리가 이미 알고 있듯이, 목사들은 말씀을 선포하기 위해 따로 구별된 사람들이다. 설교한 말씀과 주의 만찬에서 가시적이고 감지할 수 있게 된 말씀 사이에는 밀접한 연결성이 있으므로, 한쪽을 위해 구별된 사람이 다른 쪽도 인도해야 한다.

그러나 예외적 상황도 분명히 존재한다. 모든 교회가 담임목사나 혹은 목사들이 없을 수 있다. 때때로 팀을 이루어 교회를 세우기도 한다. 그들이 모여서 하나의 교회를 이루었을지라도, 아직 공식적으로 담임목사 혹은 목사들을 임명하지 못한 경우가 있다. 아니면, 더욱 자주 있는 일로써, 오래된 교회가 목사를 잃고 그를 대신할 목사를 한동안 찾지 못할 때도 있다. 그렇다면 새 교회는 주의 만찬을 기념할 수 없고, 목사를 잃은 기존 교회도 더는 기념할 수 없는가?

나는 그들이 주의 만찬을 기념할 수 있다고 생각한다. 그 이유는 다음과 같다. 성경은 목사들을 그리스도께서 그의 교회에 주신 선물로 가르치고 있다. 모든 교회는 목사가 있어야 한다. 사실 모든 교회는 여러 명의 목사를 원해야 한다. 호환적으로 불렸던 목사, 장로, 감독 같은 교회의 리더들이 복수로 존재했던 것은 명백한 신약성경의 패턴이기 때문이다(행 14:23; 20:17, 28; 엡 4:11~12; 빌 1:1; 딤전 3:1~7; 딛 1:5~9; 약 5:14).[4] 비록 목사들은 질서가 잡힌 교회의 요소이자(딛 1:5),

---

4 더 자세한 내용을 알고 싶으면 본 시리즈의 Mark Dever가 쓴, *Understanding Church Leadership*을 참조하라.

교회의 장기적인 건강과 복리를 위해 꼭 필요하지만(엡 4:11~16), 교회의 존재 자체를 위한 필수 요소는 아니다. 목사를 임명하기 전이나, 잃은 뒤에 혹은 해고한 후에도 교회는 존재한다.

다음의 예를 생각해보자. 바울과 바나바가 루스드라와 이고니온과 안디옥으로 전도 여행을 다닐 때, 그들은 각 교회에 장로들을 세웠다(행 14:23; 딛 1:5). 교회들은 장로들이 필요했고, 이에 따라 바울과 바나바가 그들을 세우는 과정을 인도했다. 그러나 교회들은 장로들이 있기 전에 이미 존재했었다. 성경은 "교회를 세우기 위해 바울과 바나바가 장로들을 택했다"라고 말하지 않는다. 교회가 먼저 존재했다.

주의 만찬은 교회의 식사이므로 교회만이 그것을 기념할 권한이 있다. 심지어 주의 만찬을 인도할 목사가 없는 예외적인 상황에서도 마찬가지이다. 그러한 상황에서 교회는 누가 주의 만찬을 가장 잘 인도할 수 있을지에 대한 의견의 일치를 이루어야 한다. 그 사람은 교회의 회원으로서 경건하고 신뢰할 수 있는 사람이어야 한다. 공식적인 목사가 없는 상황에서, 성경 교사 같이 목사처럼 섬기는 사람이 가장 적합할 것이다. 그러나 이 모든 것을 넘어서, 만약 당신이 그런 상황에 놓이게 된다면, 내가 할 수 있는 조언은 하나님께서 당신의 교회에 지혜와 일치를 주시고, 몸 된 교회를 인도하고 건강하게 만들 신실한 목사를 보내주시길 기도하라는 것이다.

11장
교회들은 어떻게 주의 만찬을 기념해야 할까?

교회들은 어떻게 주의 만찬을 기념해야 할까? 본 장에서 다루는 것처럼, "어떻게"라는 질문을 하면, 분명히 대답보다 의문들이 더 많을 것이다. 교회들은 주의 만찬을 기념할 때, 교회 크기의 차이, 문화적 환경의 차이, 역사의 차이 등에 따라 각기 다른 도전과 기회를 마주하게 될 것이다.

따라서 본 장에서 나는 당신이 가지고 있을 법한 모든 질문에 대해 해답을 제공하거나, 혹은 교회가 따라야 할 정확한 대본을 펼치려 하지 않을 것이다. 대신에, 나는 성경에서 분명하게 명령한 것이나, 혹은 성경의 가르침의 명확한 함의들에 대해 몇 가지 기본적인 요점들을 간략하게 살펴볼 것이다. 우리는 여섯 가지 주제에 관해 짧게 다룰 것이다. 내 생각에는 처음 네 개의 주제는 교회가 실행해야 할 일에 관한 성경의 명확한 가르침에 해당하고, 나머지 두 개는 자유에 맡겨도 되는 주제들이다.

교회 전체의 모임

첫째, 교회는 주의 만찬을 교회 전체의 모임에서 기념해야 한다. 이것은 이미 우리가 다루었듯이 고린도전서 10장 17절에 명확하게 함축되어 있다. 주의 만찬은 교회의 식사이다. 그러므로 교회는 전 교인이 참여할 것으로 예상하는 정기 예배 모임에서 기념해야 한다. 이것은 모든 교인이 한 명도 빠짐없이 다 모여야 주의 만찬을 기념할 수 있다는 뜻이 아니다. 예를 들어, "아이고, 영희 이모가 또 아프신가 보네. 이번 주는 주의 만찬을 할 수 없겠네"라고 해서는 안 된다. 교회는 교회로서 주의 만찬을 기념해야 한다.

의미를 분명하게 하라

둘째, 교회는 주의 만찬을 기념할 때마다 그것의 의미를 분명히 해야 한다. 앞의 장에서 보았듯이, 이것은 일반적으로 예배를 인도하는 목사가 해야 할 일이다. 대부분의 개신교 교회에서, 목사는 고린도전서 11장에서 바울의 가르침에 보존된 예수님이 주의 만찬에서 하신 말씀을 재인용하고 설명하며 주의 만찬을 진행한다. 나는 그렇게 하는 것이 현명하고 건전한 행습이라 생각한다. 여기서 말하고자 하는 기본적인 요점은, 주의 만찬이 복음을 만질 수 있고 먹을 수 있는 형태로 제시해준다는 점이다. 떡과 포도주는 우리에게 주신 그리스도의 몸과 우리를 위해 흘리신 피를 의미한다.

목사는 청중들이 이 표지들의 메시지를 당연히 알고 있을 것으로 가정해서는 안 된다. 따라서 주의 만찬을 인도하는 목사는 만찬을 행하기 전 설교에서나, 혹은 만찬을 진행하는 도중에, 매번 복음을 선포해야 한다. 예수님이 우리에게 주신 식사를 교회가 기념할 때마다 그렇게 해야 한다. 목사는 참여한 모든 사람이 주의 만찬에 대한 의미를 명확하게 이해할 수 있도록 해야 한다.

참여해야 할 사람과 참여해서는 안 될 사람을 명확하게 구분하라

셋째, 교회는 참여해야 하는 사람과 참여해서는 안 되는 사람을 명확하게 구분해야 한다. 제9장에서 다루었듯이, 주의 만찬은 교회에 소속된 침례 받은 신자만을 위한 식사이다. 그러므로 주의 만찬을 인도하는 사람은 '누가 주의 만찬을 받을 수 있는'지 명확하게 해야 한다. 이것은 구두로 간략하게 설명하면 된다.

교회는 단순히 떡과 포도주를 앞쪽에 펼쳐놓고 "마음껏 드세요"라고 말하면 안 된다. 이러한 행동은 부주의하며 경험이 없는 비신자들에게 먹고 마시게 해서 심판받게 하는 일이 된다. 따라서 주의 만찬은 예수님을 자신들의 구원자로 믿고, 침례를 받음으로써 예수님과 그의 백성에게 헌신할 것을 공개적으로 밝힌 사람들을 위한 것임을 설명해주는 것이 마땅히 해야 할 사랑의 행위인 것이다.

떡을 먹고, 잔을 마셔라

넷째, 주의 만찬에 참여하는 모든 사람은 떡을 먹고 잔을 마셔야 한

다. 일부 교회는 떡을 포도주에 찍어서 먹는 행습을 행하기도 한다. 그러나 예수님은 제자들에게 떡을 먹고 잔을 마시라고 했다(마 26:26~28). 이 두 가지 행위는 우리에게 주신 예수님의 몸과 우리를 위해 흘리신 예수님의 피에 대해 구별하면서 상호 보완적인 상징을 보존하고 있다. 따라서 교회들은 참여하는 모든 사람이 떡을 먹고 포도주를 마실 것을 요청하는 방식으로 주의 만찬을 기념해야 한다.

얼마나 자주 해야 하나?

다섯째, 교회들은 얼마나 자주 주의 만찬을 기념해야 하는가? 나는 이것에 대해 확실한 답을 가지고 있지 않다. 한편으로, 예수님은 "이 것을 행하여 마실 때마다 나를 기념하라"라고 하셨다(고전 11:25). 이 말씀은 교회들이 주의 만찬을 자주 할 것을 제안하는 것으로 보이나, 얼마나 자주 해야 하는지는 명확하게 말해주지 않는다. 다른 한편으로, 고린도교회가 교회로서 "모일 때" 주의 만찬을 기념했다는 바울의 언급은, 그들이 매번 교회에서 모일 때마다 주의 만찬을 기념했음을 시사하는 것으로 보인다(고전 11:17~18, 20, 33~34). 그리고 이미 살펴보았듯이, 사도행전 20장 7절은 드로아에 사는 신자들이 그 주간의 첫째 날에 "떡을 떼려 하여 모였다"라고 쓰여 있다. 만일 그들이 "떡을 떼기 위해" 모였다면, 그들의 매주 모임에 주의 만찬은 필수적인 부분이었음을 암시한다고 볼 수 있다.

이러한 이유로 인해, 일부 교회는 매주 주의 만찬을 기념하는 것을 반드시 따라야 하는 규범적인 행습으로 믿는다. 그렇게 보아도 되는 이유가 많이 있으나, 나는 아직 그것을 확신하지 않는다. "이것을 행하여 마실 때마다"(고전 11:25)라는 구절은 어느 정도 융통성을 지닌 것으로 보인다. 따라서 나는 교회가 주의 만찬을 기념하는 빈도수는 신중히 고려해야 할 사안이라고 생각한다. 당연히 매주 기념할 수 있다. 그러나 매주 행하든지 그렇지 않든지, 자주 기념해야 하는 것은 분명하다.

식사와 더불어?

마지막으로, 고린도전서 10~11장에 관한 공부를 통해 알 수 있듯이, 고린도교회는 분명히 전체 식사라는 상황에서 주의 만찬을 기념했다. "떡을 떼며"라는 구절은 사도행전 20장 7절에 나오는 주의 만찬을 가리킬 수 있는 것임을 기억하라. 사도행전 2장 46절에서 일반적인 식사를 묘사하기 위해 유사한 구절을 사용하고 있는 것은, "떡을 떼며"라는 용어가 주의 만찬이 포함된 식사일 개연성을 암시하는 것처럼 보인다(참고, 행 2:42). 그렇다면 신약성경은 교회들이 식사의 상황에서 주의 만찬을 기념할 것을 요구하는 것인가?

나는 그렇게 생각하지 않는다. 예수님이 우리에게 명령하신 것은 떡을 먹고 잔을 마시라는 것이었다. 주의 만찬 예식은 그러한 행위들을 함께 실천하는 것이다. 그러므로 나는 주의 만찬에 있어 정식 식사를 하는 것은 본질적 요소가 아니라고 생각한다.

그러나 나는 더 많은 교회가 전체 식사 시간에 주의 만찬을 기념하는 행습을 회복하기를 바란다. 그렇게 하면 주의 만찬에서 서로 간의 교제를 강화할 수 있고, 교회에 가는 것은 교회가 되기 위해 간다는 점을 강조할 수 있기 때문이다. 함께 앉아 식사하는 것은 그리스도 안에서 서로를 받아들인다는 것을 표현하는 방법이기도 하다. 교회 "예배"의 한 요소로 공동 식사를 하는 것은, 예배 이후 가끔 집에서 가져온 음식을 나누어 먹는 것보다, 서로의 교제가 교회가 된다는 의미의 본질적 요소라는 메시지를 좀 더 잘 말해줄 수 있다.

이미 말했듯이, 나는 교회가 전체 식사 시간에 주의 만찬을 기념하지 않아도 된다고 생각한다. 그러나 더 많은 교회가 그렇게 행하기를 바란다.

추가하는 말

당연히 나는 이곳에서 언급한 것 외에 해야 할 말이 많이 남아있다. 그러나 나는 간략한 요점들을 통해 그리스도를 높이고 몸을 온전하게 세우는 주의 만찬을 실행하기 위한 몇 가지 성서적 지침들이 제공되었기를 바란다. 당신이 목사라면, 나는 당신이 교회에서 주의 만찬을 인도할 때 하나님이 지혜 주시기를 기도한다. 당신이 교인이라면, 다음의 마지막 장에서 각 개인은 어떻게 주의 만찬에 나아가야 하는지를 다룰 것이므로 계속 이 책을 읽어주기 바란다.

12장
각 개인은 어떻게 주의 만찬에 나아가야 하나?

마지막으로 고려할 실제적인 문제는 개별 신자인 당신이 어떻게 주의 만찬에 접근해야 하나? 라는 질문이다. 다음의 네 가지 간략한 권면을 드린다.

십자가를 바라보라

첫째, 십자가를 바라보는 것이다. 당신이 먹는 떡과 마시는 잔은 예수님이 자신을 당신에게 주신 것에 대한 표지(sign)들이다. 예수님이 자신의 몸을 포기하고 자신의 피를 흘리도록 허락한 것은 바로 당신을 위해서 그렇게 행한 것이다. 예수님이 십자가의 수치와 고통을 참으며, 무엇보다 죄에 대한 하나님의 분노를 감내한 것은 바로 당신을 위해서였다. 주의 만찬은 그리스도가 십자가에서 성취하였고, 이루었으며, 완성한 구원을 선포한다. 또한, 구원은 우리가 이룬 것이 아니라 받은 것임을 선포한다.

그러므로 당신이 교회와 더불어 주의 만찬을 기념할 때, 십자가를 바라보아야 한다. 기쁨과 감탄, 경외와 감사로 십자가를 바라보아야 한다. 만일 당신이 자신의 죄가 하나님이 용서하지 않을 만큼 너무

크거나 악하다는 생각에 사로잡히게 되면, 바로 그때 십자가를 바라보라. 예수님의 희생이면 충분하고 남는다.

주변을 둘러보라

둘째, 주변을 둘러보는 것이다. 이 작은 책을 통해 살펴보았듯이, 주의 만찬은 교회의 식사이다. 그것은 그리스도와 서로 간의 교제를 봉인하는 것이고, 교회를 함께 모으며 여럿을 하나로 만든다.

주의 만찬은 일부 다른 사람들이 같은 시간에 같은 것을 행하는 사적인 예배 경험이 아니다. 따라서 주의 만찬의 공동체성을 즐겨야 한다. 눈을 감은 채 죄를 고백하는 일만 하지 말고, 주위를 둘러보고 주님이 구원한 사람들을 보며 감격하라! 정기적으로 행하는 주의 만찬을 다른 사람들에게 고백할 죄가 없는지, 몸에서 치유가 필요한 파괴된 부분이 없는지 살펴보는 기회로 활용해야 한다. 그리고 만약 어떠한 것이라도 발견하면, 교회 안에서 조용하고 신속한 대화를 통해서 최대한 빨리 교정해야 한다.

그리고 주의 만찬이 표시하고 확정하는 다양성 속의 일체를 기뻐해야 한다. 우리는 여럿이지만 하나다. 우리를 갈라지게끔 위협하는 모든 차이점은 우리를 구원하고 하나로 만들기 위해 흘리신 그리스도의 피에 비하면 아무것도 아니다. 우리는 모두 한 떡에 참여하고, 같은 구원자를 영접한다. 어떤 현대 찬송가 작사가는 다음과 같은 구절을 썼다. "이제 그의 피 아래에서는 강한 자나 약한 자가 똑같이 되었네. 빈손의 모든 사람은 그의 끝없는 사랑을 받으러 모이자."[5] 주의 만찬에서 분열은 사라진다. 주의 만찬이 모든 그리스도인의 마음에 일치를 추구하는 열정을 심어주기 때문이다.

그러므로 주의 만찬을 기념할 때, 주변을 둘러보아야 한다. 당신을 구원한 그리스도가 당신 옆에 앉아있는 형제와 자매도 동일하게 구원한 것을 기억해야 한다. 그리스도를 당신의 구원자로 얻게 됨을 통해 그의 백성을 당신의 가족으로 얻게 된 것을 기뻐해야 한다.

앞을 바라보라

셋째, 앞을 바라보아야 한다. 제5장에서 보았듯이, 주의 만찬은 단순히 과거의 십자가를 돌아보는 것뿐 아니라, 곧 도래할 왕국을 바라보는 것이기도 하다. 그리스도께서 몸소 우리를 위해 잔치를 베풀고 우리와 더불어 축하할 날이 다가오고 있다(마 26:29). 하나님이 그리스도와 그의 신부를 위한 최고의 혼인 잔치를 열어주실 날이 머지않았다(계 19:7, 9).

우리가 주의 만찬에서 누리는 그리스도 및 그의 백성과 풍요로운 교제는 단지 맛보기에 지나지 않는다. 그것은 주요리가 아니라, 앞으로 도래할 만찬을 위한 전채요리에 불과하다. 그러므로 앞을 바라보아야 한다. 그리스도의 죽음과 부활을 통해, 하나님은 그의 백성을

5　Wesley Randolph Eader, "Victory in the Lamb"
　　http://noisetrade.com/wesleyrandolpheader에서 구할 수 있음.

용서하고, 우리를 자신과 화해하게 하며, 죄의 노예 상태에서 자유롭게 해줄 것을 분명히 약속하셨다. 하나님은 세상을 다시 창조하고, 사망을 멸망시키며, 그의 백성을 그와 영원히 연합하게 할 것이라는 약속을 반드시 지키실 것이다. 그러므로 떡을 먹고 잔을 마실 때, 소망과 간절한 기대를 가지고 앞을 바라보아야 한다. 하나님은 가장 좋은 것을 마지막을 위해 아껴두고 있다.

내면을 살펴보고, 십자가로 돌아가라

마지막으로, 내면을 살펴보고, 십자가로 돌아가야 한다. 주의 만찬은 자신을 점검하고 자신의 죄를 하나님께 고백하기에 알맞은 시간이다. 복음은 용서를 제공한다. 우리에게 그것이 필요하기 때문이다. 그리스도께서 우리를 위해 피를 흘리셨다. 오직 그의 죽음만이 우리를 죄에서 구원할 수 있기 때문이다. 따라서 주의 만찬에서 우리는 용서의 필요성을 다시 상기하고, 하나님께 그의 영광에 이르지 못한 일들에 대해 고백해야 한다.

그러나 거기에 머물면 안 된다. 주의 만찬이 죄책감을 가중하는 요인이 되면, 그것이 가진 중요한 점을 완전히 놓치는 것이 된다. 주의 만찬은 우리의 죄가 사라졌고, 우리의 빚은 갚아졌으며, 우리의 형벌은 이행되었고, 우리의 죄는 용서되고 잊혔다는 사실을 선포한다. 그러므로 내면을 살펴보고, 이후 곧장 십자가를 다시 바라보아야 한다.

처음부터 다시

주의 만찬의 요점은 복음이다. 복음은 우리를 죄에서 자유롭게 한다. 복음은 우리를 하나님과 화해하게 한다. 복음은 하나님을 우리의 아버지로, 예수님을 우리의 맏형으로, 그리고 모든 성인을 형제와 자매로 만들어준다. 복음은 우리를 그리스도와 연합하게 하며, 서로 하나 되게 한다.

그리고 주의 만찬은 이러한 모든 것을 시각, 촉각, 미각을 통해 우리에게 보여주고 제시해준다. 주의 만찬에서 우리는 그리스도와 교제하므로 그의 백성과도 교제한다. 떡을 먹고 잔을 마실 때, 우리는 그리스도에 대한 믿음과 그의 백성을 향한 헌신을 재확인한다. 주의 만찬을 기념할 때, 우리는 그리스도를 처음부터 다시 받아들이고, 또한 그의 모든 백성을 받아들인다.

성구 색인

창세기
9:13-15	42
15:12-17	14
17:10-14	42

출애굽기
2:23-25	14
4—10	14
4:22-23	14
11:1-10	14
12:1-8	15
12:8	15
12:11	15
12:12-13	15
12:14	20
12:14-20, 24-27	15
12:26-27	16
12:43	16
12:47	16
12:48	6
13:8	16,38
13:14	19
24	42
24:8	41
24:9-11	41

신명기
26:5-8	17

이사야
25:6-10	32

예레미야
31:31-34	19

마태복음
12:46-50	67
18:15-17	70
26:17-28	18
26:26-28	20,38,79
26:28	19
26:29	31,85
28:19	46,65

마가복음
14:12-26	18
14:22-24	38
14:24	42

누가복음
22:7-22	18
22:14-15	18
22:17-20	38
22:19 10-11,	19,20,38,46
22:20	19

요한복음
2:10	33

사도행전
2:38-41	66
2:42	38,81
2:46	62,81
14:23	75,76
15:41	67
16:5	67
18:22	67
20	70
20:7	38,75,80,81
20:17,	75

로마서
8:24	30
8:25	30
10:14-17	51

고린도전서

1:2	42
5	48
5:9-11	28
5:10	67
5:11-12	67
5:11-13	67
8:4	23
10	35,58
10-11	35,58
10:14	22
10:14-22	22
10:16	36,41
10:17 14-15, 24,25,36,45,50,53,59,77	
10:16-17	22,49
10:19-20	23
10:21	24
10:22	24
10:27	24
11	35,58
11:17	36,58
11:17-18,20 33-34	80 61
11:17-34	44
11:18	36,58
11:18-19	26
11:20	26,36,58,80
11:20-22	38
11:21-22	26
11:23-25	27
11:25	61,80
11:26	27,31,38
11:27	27,40,63
11:28	27
11:29	27,40
11:30	28
11:31-32	28
11:33-34	28,36,58,80
12:3	51
12:12-26	67

고린도후서

2:6-8	70

에베소서

2:21-22	67
4:11-12	75
4:11-16	75
5:22-33	31

빌립보서

1:1	75

디모데전서

3:1-7	75
3:2	55

디도서

1:5	75,76
1:5-9	75
1:9	55

야고보서

1:18	51
5:14	75

베드로전서

2:4-5	67

요한 일서

4:20	44

유다서

12	38

요한계시록

19:6-9	31
19:7	31
19:7, 9	85
19:9,	31

•• 성구 색인

"그들이 먹을 때에 예수께서 떡을 가지사 축복하시고 떼어 제자들에게 주시며 이르시되 받아서 먹으라 이것은 내 몸이니라 하시고 또 잔을 가지사 감사 기도 하시고 그들에게 주시며 이르시되 너희가 다 이것을 마시라 이것은 죄 사함을 얻게 하려고 많은 사람을 위하여 흘리는 바 나의 피 곧 언약의 피니라"

(마 26:26-28)